我認識的金剛經

潘宗光教授談佛法（二）

潘宗光 著

中華書局

獻給

最懷念的祖母與母親

摯愛的太太

累世有緣人

目　錄

總　序

星雲大師（台灣佛光山創山長老）

為了讓有心研究佛學、初入佛教之門者，有系統、有組織、有條理地了解佛法全貌，幾十年來，我帶着徒眾一起編撰《佛教叢書》、《佛光教科書》、《僧事百講》等教材……總總這些，是希望提供入門者有一個依據，及作為教者、研讀者對於佛教有一個較完整的了解。

今有原香港理工大學校長潘宗光教授，為初入佛門者及希望進修者撰寫了「談佛法」系列叢書，從科學家的視角，運用相對論、量子力學、弦理論等科學理論來闡釋佛教的真理，及介紹佛陀教導的基本修行方法。深入淺出的文字，配上生活實例、個人修行體驗來解說深奧的佛理，可以說是一套全面了解佛教、修學佛法的「教科書」。

皈依佛教近三十年的潘教授，專注科研二十多年，他曾跟我提過，現在的科學家最苦惱的就是思想不容易有出路，自從研究佛教以後，才知道佛學與科學很相應，很感謝佛教給他的因緣。數十年來，在佛學研究上精進不懈，平時除了發心到各處講說弘法，還勤於筆耕，先後出版《心經與生活智慧》、《佛教與科學》、《佛教與淨土法門》等佛教書籍。

對於潘教授能解行並重地將佛學理論應用在生活中，並且實踐、弘揚，實難可貴，相信《潘宗光教授談佛法》系列叢書，對於現代人生有一定的啟迪。我樂見此套叢書出版，並為之祝福。是為序。

星雲

二〇二〇年立夏
於佛光山開山寮

序　一

明海法師（中國佛教協會駐會副會長）

說不盡的《金剛經》（代序）

如果以現代人熱衷「排行」的嗜好，列出一個對中國文化影響最大的佛經排行榜的話，《金剛經》多半會躋身前十，甚至可能躍居前三！《大正藏》般若部收錄的單部《金剛經》漢譯本有六種，再加玄奘大師譯600卷《摩訶般若波羅蜜經》中相當於《金剛經》的第九會「能斷金剛分」，總計有七種譯本。這七種譯本，以東晉時期鳩摩羅什大師的譯本譯出最早、流傳也最為廣泛。羅什大師《金剛經》譯本問世不久，就受到人們的關注與喜愛。

從傳世文獻看，自南北朝開始，就有許多人讀誦受持《金剛經》，以之為日課，並因此而獲得各種不可思議的生命經驗。這些生命經驗被稱為「靈驗」或「感應」。有心者將這些「靈驗」故事筆錄彙集，遂有《金剛般若經集驗記》、《金剛經受持感應錄》等文獻流傳。歷代書寫《金剛經》的人也難以數計，不算那些以抄經為生的「抄經生」，也不算那些從《金剛經》中摘取一言半句的書法作品，士大夫和高僧們全文書寫《金剛經》的書法就有很多，如唐宋時期的柳公權、蘇東坡，近代的弘一大師等。北齊時期的安道一大師則將 5,700 多字的《金剛經》刻在泰山南麓一面巨大的石坪上，其撼人心魄的信仰情懷，獨樹一幟的書法風韻，千多年來，影響了無數人、感動了無數人！

當然，作為般若系的重要經典，對《金剛經》的注疏、講說、闡釋是最值得研究的了。古印度就有許多注釋《金剛經》的著作，現在能看到的漢譯本有兩三種都出自無著、世親，比如《金剛般若論》（無著）、《金剛般若波羅蜜經論》（天親）、《能斷金剛般若波羅蜜多經論釋》（無著造頌世親釋），還有一位功德施菩薩的《金剛般若波羅蜜經破取著不壞假名論》，都是印度解經的代表作。這些著作漢譯時間最早有北魏時期的，最晚在唐中期。中土的祖師們應該很早就能看到古印度先賢們對《金剛經》的權威解讀。但是輪到他們解讀經文時，卻並沒有被印度祖師的注解所局限所束縛，而是自立軌範、慧眼獨照、直陳妙解。開啟了中國佛教對《金剛經》內涵豐富而又獨具特色的闡釋傳統。如果把《金剛經》的文本喻為一個題目的話，中印祖師們都在這個題目下，作出了各自的錦繡文章。

面對來自異域的佛經文本及諸多解讀，中國祖師們建立在虔誠信仰基礎上的自信以及經典解讀的創造性令人印象深刻！另一方面，歷代高僧或學者又往往都不會止步於前賢的解讀，他們對《金剛經》的闡釋總是在前人的基礎上獨出機杼、別開生面。一千多年來，對《金剛經》綿延不斷的注解講說，如果能收集彙總，一定蔚為大觀，可以稱之為「金剛經義海」了！

中國祖師們對佛經的創造性闡釋是佛教傳播史上的奇跡。他們的成就印證了大乘佛典中所描述的佛法在無窮國土、無盡時空中展開其無限教化的可能性。而佛法在無限時空展開無限教化之所以可能，正是因為如《金剛經》這樣的大乘了義經典具有無限闡釋的意義空間，無限時空中的眾生也身處無限多樣的煩惱處境。在各自不同處境不同語境中的眾生們為着解脫煩惱、尋求答案的目的叩問佛經時，都能各得其所、各遂其願。所以《維摩詰經》中說：「佛以一音演說法，眾生隨類各得解。」《大方廣佛華嚴經四聖諦品》中以佛教四聖諦為例，列舉了苦集滅道四聖諦在娑婆世界和其他世界各各不同的名稱，最後這樣總結：

> 諸佛子！如此娑婆世界中，說四聖諦，有四百億十千名。如是，東方百千億無數無量、無邊無等、不可數、不可稱、不可思、不可量、不可說，盡法界、虛空界、所有世界，彼一一世界中，說四聖諦，亦各有四百億十千名；隨眾生心，悉令調伏。如東方，南、西、北方，四維、上、下，亦複如是。諸佛子！如娑婆世界，有如上所說；十方世界，彼一切世界亦各有如是。十方世界，一一世界中，說苦聖諦有百億萬種名，說集聖諦、滅聖諦、道聖諦亦各有百億萬種名；皆隨眾生心之所樂，

令其調伏。

我覺得，上面這段話正是佛經闡釋學的理論基礎。也是我們理解從印度到中國、從古代到今天，無數的高僧大德、修行者、思想家們不知疲倦講說注解《金剛經》的關鑰。一樣的佛法妙理，在十方不同的世界中，有「百億萬種名」，也就是無量種的敘述方式。之所以如此，乃是因為「隨眾生心」的緣故。眾生的心，是無限豐富、無限複雜、無限多樣的，佛法敘述的方式隨之而有無限的展現。

經文中所說的「皆隨眾生心之所樂」，正是佛經闡釋的重要原則：在契理基礎上的契機。在《華嚴經》的其他品目中對「眾生心之所樂」說的更詳細：根、性、欲、解。「根」指眾生過去多生累積的善根深淺（或信根或定根或精進根等各有深淺），「性」指眾生選擇佛法的價值取向（或大乘或小乘等），「欲」就是興趣的傾向及其強弱，「解」是思維理解的特徵（抽象思維、邏輯思維、形象思維等）。闡釋佛經既要立足於佛法第一義諦的理，也要契合受眾的根機（根性欲解）。闡釋者要契理就必須有深入的修學觀照，要契機則需要對受眾及其所處時代因緣、煩惱處境的敏銳覺察。從這兩點看，潘宗光教授這本《我認識的金剛經》都是很值得讚歎的！

潘教授是一位科學家，還是一位大學校長，多年從事教育工作。我依然記得 2000 年他專程趕到柏林禪寺，在家師淨慧長老座下皈依的情形。他對佛法的渴求、對三寶

的虔誠給我很大的震撼和感染。此後我們見面的機緣就逐漸多起來。每次相見他都會和我分享他弘法或做公益事業的心得，我們也會一起探討佛法修學的幽微處。有很多年，柏林禪寺夏季的生活禪修營，第一課都請潘教授講。因為他了解現代年輕人，也了解現代科學前沿思想和佛法相通的種種資訊，所以他的講座總是很受歡迎。

《大智度論》中說：「佛法大海，信為能入，智為能度。」這裏的「智」就是指的般若智慧，集中闡述般若智慧的是般若系經典。回顧潘教授弘法的歷程，不禁感歎，他的般若緣很深很深！他早年致力於闡釋《般若波羅蜜多心經》，先後出版了《心經與生活智慧》、《心經與現代管理》。這兩本書以明白曉暢的語言、清晰嚴謹的理路告訴我們，心經智慧是完全可以運用於生活，運用於工作中的。現在他闡釋講說《金剛經》，同樣也是從自己的修行體悟出發，既有對經文的透徹解釋，又能緊扣現代人的生活實際，直指人心，現身說法。這樣的經典解讀方式遵循了契理契機的原則，是啟動佛典智慧，反哺社會大眾的不二之道！在這樣的闡釋方法下，經典並非死的文字，而是活潑潑的如來話語，是可以無盡展開的「真語實語如語」。

家師淨慧長老提倡的生活禪理念，用於闡釋經典，強調以生活為開啟佛典智慧的鑰匙。心、佛與眾生，是三無差別。這是大乘佛法的核心要義。在經典闡釋的情景中，「眾生」即是生活，「佛」即是佛語，這二者都以闡釋者的「心」為媒介達成融會貫通。這需要闡釋者的心向上契合諸佛甚深妙理，向下體察群生煩惱處境。這樣一來，佛心我心眾生心，心心相印；佛語我語眾生語，語語皆如。眾生無邊，煩惱無盡，時空無窮，五千多字的《金剛經》文本雖然有盡，其中的智慧妙義卻是無邊無盡的！

潘教授自學佛以來，總在孜孜不倦地探求佛法真諦，同時不吝將自己的體會通過講說和著作作法佈施，與大眾分享。這種精進與赤誠之心，正是一個菩薩行者的風範！承蒙他的抬愛，請我作序，遂絮叨如上，以為隨喜讚歎！

明海

2025 年 4 月 16 日

於中國佛學院鳳凰嶺校區

序　二

寬運法師（香港佛教聯合會會長）

眾所周知，潘宗光教授是一位傑出的科學家、成功的大學校長，曾任立法局議員、全國政協委員，2023 年榮獲香港政府頒授大紫荊勳章。以世俗社會而論，其成就是卓著的。可是他本人自從 1992 年開始接觸佛法後，身體力行，精進不懈，以期將佛法的好處殊勝分享、介紹給更多有緣人。

潘教授著作甚豐，早年曾寫過《心經與生活智慧》、《心經與現代管理》兩本有關在生活中實踐般若智慧的書，在當時引起搶購熱潮。大家都知道《金剛經》與《心經》的義理，同樣是《大般若經》的核心思想，含攝佛陀的圓滿智慧。是故，時隔多年，潘教授再接再厲，近新寫了《我認識的金剛經》一書並即將出版；由於撰寫代序的因緣，本人得以先睹為快，欣見書中潘教授對《金剛經》獨有的理解與詮釋，讀後深受啟發。

教授在自序中寫道：「近年重讀《金剛經》時，每每沉浸在文字背後深邃的空理中，直至某日豁然開朗，彷彿一切疑惑與矛盾都迎刃而解」。這段話，着實令我感動。試問，現在學佛人能有幾個真正理解文字背後的空理？

而且還能破除人生的煩惱與疑惑？他又說：「我堅信佛經的智慧不應停留於文字，而是要融入生活，指導我們的言行」。意思就是要告訴大家，學佛的目的，最後是要將佛法的智慧融入於生活中。這是他多年實修實證，見性後的分享。

他這本新書的內容，結構完整，全書共分六章，第一及第二章以經文核心思想為基礎；第三章則用簡短的文字，將整部經一氣呵成地介紹出來，讓讀者容易掌握整部經的涵意；第四章則是對經文的一些重要詞語，作簡單之解釋；而在第五章的「生活實踐」中，教授嘗試將經文的智慧融入自己的親身經歷，目的是為讀者提供更具體和實用的指引。他說：「一般人解經很少會加上『生活實踐』部分。但我一直推動將深奧的佛法融入生活，才能更有效令眾生接受佛法、了解佛法及活出佛法。」這樣的願心，誠屬難能可貴。第六章是經文的總結，分為十八小分段，幫助讀者能容易整合前四章的內容，更好掌握整部《金剛經》的核心教導；「後語」是全書的簡單總結，是鼓勵語，鼓勵眾生循序漸進：「懷着初發的菩提心，在生活中努力精進，實踐菩薩道精神。」全書文字平易親切，見解獨到，理路清晰，令人歡喜。

在這裡要特別指出的是，潘教授在第二章中將《金剛經》的核心思想，作了甚具深度的詮解，他寫道：「此經的核心目的在於啓發我們認識自身的如來本性，這一本性體現為『不變隨緣，隨緣不變』的大悲心與大智慧。」「這種悲智雙運的境界，正是般若的本質，亦是大乘菩薩道的修行目標。」教授所言甚是。

正如《華嚴經》所云：「譬喻船師，常以大船，於河流中，不依此岸，不著彼岸，不住中流，而度眾生，無有休息。菩薩摩訶薩亦復如是，以波羅蜜船，於生死海，不依此岸，不著彼岸，不住中流；而度眾生，無有休息。」意思就是說：菩薩度眾生，必須離相，不住生死此岸，不住涅槃彼岸；既不執着此岸的有，也不執着彼岸之空，更非離空離有而住於中道。而是乘般若船，來往於生死涅槃之間，濟物利生，將一批一批的苦惱眾生，運送到涅槃清淨快樂的彼岸。這不正是「悲智雙運」的菩薩道精神的最高體現嗎？

而第三章是全部經文的淺釋，前半部是對應已具慧眼

的阿羅漢，而下半部則是為人天眾而說法，契理契機，善巧方便。特別是在第七分段：「如來所說法皆不可取不可說」，回應經中「一切有為法，如夢幻泡影，如露亦如電，應做如是觀」的四句偈；指出我們對「一切有為法」，「應作如是觀」，然何以會有「有為」與「無為」法？如《阿毘曇毘婆沙論》卷四十所云：「若無三世則無有為法，若無有為法亦無無為法。所以者何？以有有為故則施設無為。若無有為、無為法，則無一切法。若無一切法，則無解脫出離。」我們如何才能解脫出離呢？般若智慧的目的，就是從有為法入手，從而悟入無為的般若真空，如此方能得到真正的出離。正如《法華經》所言：「是人於何，而得解脫？但離虛妄，名為解脫。」要獲得真正的解脫，惟有遠離虛妄。而解脫後，當發願成佛。相信這正是潘教授《我認識的金剛經》一書出版的真正目的。故樂為序。

寬運謹寫於西方寺方丈室
二零二五年歲次乙巳暮春

序　三

楼宇烈教授（北京大學宗教研究院名譽院長）

潘宗光教授是著名的科學家、教育家，也是一位真誠的佛教信仰者。本書作爲潘教授談佛法系列的第二部著作，潘教授將他多年來學習佛法和《金剛經》的體會凝聚其中，並以開放的心態與有緣衆生分享，這是功德無量的。

《金剛經》作爲大乘佛教一部關於「空性」的根本經典，其核心精神是通過佛教的緣起論探求諸法實相。緣起論告訴我們，宇宙萬物不是由某一個神創造的，而是各種因素、條件聚集在一起而生成的。因此，事物之間是不可分離的，而整個世界是一個互相關聯的整體。緣起論有兩個特點：第一是無常，現象世界是由各種因緣聚合而成的，並在不斷的刹那生滅中輪迴。所以，現象世界既不具有真實性，也沒有恆常性。第二是無我，既然一切現象都是因緣聚合而成的，那麼對於某個事物來講，無非就是這些因緣，故個體事物並不具備獨立的主體性。

一切緣起都是無常和無我的，這就是佛教講的「空」，但「空」並不是什麼都沒有、什麼也看不到，因爲一切緣起雖然是無常無我的，但是它們暫時聚在一起的現象還是有的（「假名」），「空」只是說事物的本質是無常無我的。

我們一般講，佛法講的是緣起性空，性空可以說是一切事物的本質實相，即真實之相，《金剛經》告訴我們諸法實相就是空相。事物的本質是空相，那麼現象世界是怎麼出現「有」的呢？就是性空幻有。所以，我們看一切問題，要透過幻有看到無常無我的緣起實相，這就是《金剛經》告訴我們的一個根本理念。我們讀《金剛經》，就是要「破相」來「顯性」。《金剛經》說：「凡所有相皆是虛妄。若見諸相非相，則見如來。」一切相都是分別呈現的相，凡分別相皆是虛幻相，一切事物的本質是無常無我的，所以要破相顯性，那樣我們就不會執着、糾結，也不會痛苦、煩惱了，直至「應無所住，而生其心」的自在解脫。

在潘教授的著作裏，也將「空性」這一核心思想集中體現在了《金剛經》最後的四句偈子裏：「一切有爲法，如夢幻泡影，如露亦如電，應作如是觀。」一切現象世界都像夢幻泡影一樣虛假不實，並沒有一個真實的存在，這就是無我。同時，這些現象如露亦如電，很快就會消逝，這就是無常。無我和無常的現象世界，不就是空的嗎？大乘佛教強調不僅我是空的，而且法也是空的，這就是佛教所講的「破我執」和「破法執」。總的來說，「空」是佛教破除一切分別、執着的最基礎理論，也是最主要的思想。把握了這一點，也就把握了佛教的根本。同時，佛教講究對機說法，當你執着於「有」，就給你講「空」；你執着於「空」，就又給你講「有」。因此，我們不能執着於講「空」就忘記了「有」，亦不要執着於講「有」就忘記了「空」，要超越「空」「有」對立，走向中道。

對《金剛經》和佛法可以有很多種不同的理解。潘教授信仰、踐行佛法三十多年，深得大乘佛教悲智雙運的精神，我們可以把潘教授對《金剛經》和佛法的體悟作爲對佛法的一種理解，並以此來覺悟人生、奉獻人生。

樓宇烈

北京大學宗教研究院名譽院長

二零二五年四月於北京

自　序

歲月匆匆，轉瞬間我已學佛三十餘載。這段悠長時光見證我在宗教信仰與個人修為上的變化與成長。自卸任香港理工大學校長一職，轉眼已逾十六個春秋。退休後我專注修佛、弘法和培育年青人品德的工作。

近年，我經常到內地不同寺院閉關修行，亦專心研讀佛經以加深我對佛法的領悟。經文是文字般若，為我們提供智慧的指向。我們要用心體會文字背後蘊藏的佛門智慧，並作為修行的基石。佛陀教導我們如何在世間實修，六祖慧能說：「佛法在世間，不離世間覺。」在世間修行，我們要運用佛法調整自己對待喜怒哀樂的心態，減少內心的執着；亦要努力修習適合自己的修行方法，邁向至高的解脫境界。

佛經中我特別喜歡《心經》及《金剛經》這兩部佛門經典，它們不僅承載着佛教文化的精髓，更在歷史長河中不斷展現佛法的精神內涵。早在 1998 年，我出版了個人首部作品《心經與生活智慧》。初遇《金剛經》時，我雖心生熱愛，卻不時會感到困惑。感覺經文中的諸多表述似乎自相矛盾，加上其深邃意境實在不易領悟。儘管有不少古今高僧大德們對《金剛經》的詮釋與解讀，頗值得我們深入研讀與借鑒。可惜不少論述往往側重對經文詞句的微觀解析，較少從宏觀視角探究經文的整體意涵。例如，經文結尾廣為傳頌的四句偈：「一切有為法，如夢幻泡影，如露亦如電，應作如是觀。」不少人只專注解釋這四句偈的智慧，而沒有探究佛陀特別選用這四句有為法的偈語，來總結整部以無為法為核心思想的《金剛經》的用心！

般若是無上智慧，能洞悉萬物本質和徹悟真如實相。佛陀智慧極其深奧，無法以任何語言或文字完全表達。一旦試圖以語言描繪，定必產生偏差。因此，佛陀常用譬喻或運用否定方法，如「無」、「非」、「不」來否定事物的表相，使信眾能深入思考與領悟。《心經》中的「是故空中無色，無受想行識……以無所得故」，就是以「無」的否定形式表示那種超越物質與精神的至高境界，即在空性中，連肉身、感受、思想、意志、意識……乃至修行成果，皆非實體存在。又如將《金剛經》中的經典句式「A，即非A，是名A」套用在具足色身：「如來說具足色身，即非具足色身，是名具足色身。」，就能巧妙地指出色身雖有名相，但以「非」的否定形式指出不要執着名相，要超越名相的束縛，才能達至真正的智慧。經中亦常用「不」字否定表象，如經文「不住色布施，不住聲香味觸法布施」，用意在提醒我們，布施時不應執着任何形式或感官體驗，要超越這些，才能達至無我的境界。這些否定，不是為了否定本身，而是為了引領我們跳出文字的框架，體會其中的空理。如果我們僅僅停留在經文的字面意思，逐字逐句地解釋，便容易忽略文字背後隱藏的深邃含義，就如盯着指向月亮的手指，卻忘記抬頭望向皎潔的明月。般若智慧是超越文字的智慧，我們要用心才能感受和領悟萬事萬物的真諦。

我深知對般若的體會必須超越文字的束縛。所以近年當我重讀《金剛經》時，每每沉浸在文字背後深邃的空理之中，直至某日豁然開朗，彷彿一切疑惑與矛盾都迎刃而解。這份對經文的體會，讓我步入一個全新境界，心中滿是喜悅，也迫切希望與諸位分享這份來自經文的啟悟。事實上，多年前我已萌生一個念頭，希望將個人的修行與體會，有系統地整理成一個「談佛法」系列。這一願望得到已故星雲大師的支持，並特意為該系列賜寫總序，這無疑是對我極大的鼓舞。系列的第一本書《我認識的佛教》於 2021 年在香港面世，2023 年在內地發行。該書從基礎佛理、生活應用、科學體會及基本修行方法等多個角度，全面闡述佛法，並有幸獲各界認同與好評。這本《我認識的金剛經》是系列的第二部作品。本書基於我個人對《金剛經》的認知與體會，以簡潔流暢的文字，一氣呵成地介紹整部經文，旨在幫助讀者把握經文的精髓要義。我堅信佛經的智慧不應停留於文字，而是要融入生活，指導我們的言行。因此，在本書的第五章「生活實踐」中，我嘗試將經文的智慧融入自己的親身經歷，目的是為讀者提供更具體和實用的指引。一般人解經很少會加上「生活實踐」部分。但我一直推動將深奧的佛法融入生活，才能更有效令眾生接受佛法、了解佛法及活出佛法。

在此，我衷心感謝所有為本書付出努力的法師和朋友們，包括已故星雲大師為系列賜寫總序，中國佛教協會駐會副會長明海法師、香港佛教聯合會會長寬運法師、北京大學宗教研究院名譽院長楼宇烈教授為本書賜序，常霖法師慷慨提供相片，以及恒基兆業地產集團主席李家傑博士大紫荊勳賢對本人弘法工作的全力支持。最後，我誠摯地邀請每一位讀者，與我一起深入探索般若奧秘，得享內心的寧靜與智慧。願大家都能在佛法的指引下，找到屬於自己的光明之路。

二Ｏ二五年四月
於香港

前言

《金剛經》是歷來被高僧大德注解得最多的佛經之一，共有六位翻譯大師將此經譯為漢文，其中姚秦鳩摩羅什的譯本流傳最廣，是本書採用的譯本。有興趣的讀者，可以隨緣學習。本書的第一章主要解釋經文中的難點和困惑，第二章闡述經文的核心思想；第三章淺釋經文，我不作逐行經文解釋，而用簡潔的文字一氣呵成介紹整部經，令讀者容易掌握整部經的要旨和義涵；第四章逐一解釋經文的一些重要詞語，《金剛經》中有不少佛教名相和專詞，初學者不容易理解，如有疑惑，可以參考第四章；第五章簡單分享經文對現實生活的啟示，提升生活智慧；第六章總結經文，讓讀者更容易重溫經文的整體義涵。

讀者可以選擇從第三章的經文淺釋開始閱讀此書，然後直接看第六章的經文總結。對經文有初步了解後，再返回第一及第二章，會較容易明白首兩章的論述。

梁武帝的兒子昭明太子將《金剛經》分為三十二分段，並為每段立一標題，這是常見的版本。亦有其他不同的分段方式，例如世親菩薩將經文分為十二分段[1]。本書以三十二分段作淺釋，但另立標題。我亦將《金剛般若波羅蜜經》全文放在附件，在第三章的經文淺釋，我將經文加上標點符號方便讀者參考和閱讀。

1 世親菩薩在《金剛仙論》將經文分為十二分段：序分、善護念分、住分、如實修行分、如來非有為相分、我空法空分、具足功德校量分、明一切眾生有真如佛性（顯性分）、利益分、斷疑分、不住道分、流通分。

• 第一章 •

如何認識經文

許多人看佛經，習慣每部經典單獨看，容易引致片面化的理解。就如下面介紹的「五時判教」，佛陀說法四十多年，在不同時段，針對不同背境及根器的眾生開示。如果我們清楚佛陀是在那個時段講說某一部經典，我們會較容易體會那部經典的含意，能作出較深入的了解。

一、五時判教

有關弘法的時序，可以參考《法華經》中所說：「如來但以一佛乘故，為眾生說法，無有餘乘，若二、若三。舍利弗！一切十方諸佛，法亦如是……諸佛以方便力，於一佛乘，分別說三……初說三乘引導眾生，然後但以大乘而度脫之。」天臺宗智者大師按這思路開展出五時判教。它雖非一個絕對精準的歷史時序，卻算是主流大乘佛教的依據。它可歸結為一首偈頌：「華嚴最初三七日，阿含十二方等八，二十二年般若談，法華涅槃共八載。」意思是說，佛陀在成道後先用廿一日演說《華嚴經》，展示華藏世界的莊嚴殊勝。接着由基礎開始，用十二年時間向在家眾、外道、聲聞弟子（小乘人）開示《阿含經》（按體裁分：長、中、雜、增一）。在往後的八年裏，為了準備他們從小乘轉向大乘而宣說方等經，即《大方等大集經》、《維摩經》、《思益經》、《勝鬘經》等。然後，佛陀開示最關鍵的大乘般若（參考第四章，一（一），第 120 頁），他用了近半的弘法時間宣說《大般若波羅蜜經》，其中也包括《金剛經》、《心經》等。最後，佛陀總結以一佛乘為眾生說法，用八年時間開示《無量義經》、《法華經》、《涅槃經》等，概括了他畢生說法的重點。

佛教徒眾多，各有不同根器無可避免，後來更因各所偏重的典籍而發展出不同派別，導致對弘法的歷程產生不同演繹。例如，劉宋時代的慧觀亦曾提出另一個五時判教，近代則有學者提出三時說：原始佛教、部派佛教、大乘早晚期，還有印順導師的三系說：中觀般若系、法相唯識系、如來藏系。他們的各種講法都有其所依的理據，亦都是為了整理出一個較清晰的歷史圖像，讓人們可以有系統地更深入研讀佛經，可說是各有各的參考價值。

概括而言，佛陀在四十多年的講經生涯中，採用了由淺入深的教學方式。起初，他教導小乘人開啟慧眼，放下自我執着，證悟「人無我」，從而超越生死輪迴。隨後，佛陀引導小乘聖者進一步學習大乘經典，鼓勵他們生起慈悲心，轉向大乘修行。因為所有眾生都具備佛性，都有成佛的潛能。

在佛陀弘法的高峰期，他用最長的時間來詳細闡述般若經典。般若智慧是整個佛教的核心思想，是成佛的必由之路。正如《心經》所言：「三世諸佛，依般若波羅蜜多故，得阿耨多羅三藐三菩提。」而《金剛經》也指出：「一切諸佛及諸佛阿耨多羅三藐三菩提法，皆從此經出。」由此可見，諸佛皆通過般若智慧的指引，得以悟入佛道，成就無上正等正覺。

二、理解經文疑點和困惑

《金剛經》經文雖短，但內容錯綜複雜，當我初接觸經文時，發現以下問題，導致困惑。

（一）須菩薩為什麼分兩次問同一問題（見第三和第十七分段）？

簡單來說，經文是分為前半部及後半部的回答，表面看來，兩次的回答是大同小異。

（二）經文的核心是說「無為法」（一切賢聖皆以無為法而有差別），結頌卻歸於「有為法」（一切有為法，如夢幻泡影，如露亦如電，應作如是觀）（參考第三章，第 69 頁）。

（三）佛陀分兩次問須菩提同一問題：「可以三十二相

觀如來不？」在前半部，須菩提的回答是「不可以三十二相得見如來」。但在後半部，卻說「如是如是，以三十二相觀如來」，呈現表面矛盾。

（四）在後半部，佛陀突然說佛有五眼（肉眼、天眼、慧眼、法眼、佛眼），表面看來與經文無關。

（五）不但經文分前後兩半部，佛陀的很多講話，亦在經文中多次重複。

三、對經前後分判的傳統詮釋

在第十七分段，須菩提重複問之前第三分段問過的同一問題，經文意思好像分成了兩個部份，內中有什麼玄機呢？歷來曾有不少高僧大德（如窺基、世親等）作出不同解釋。印順導師在《般若經講記》中則按智者大師，將之分為般若道和方便道稱：「智者即曾依此義，判本經的初問初答為般若道，後問後答為方便道。此二道的分判，極好！」

有學者認為前半部是講述破四相，而後者是破四見；也有人認為前半部是破我執，而後半部是破法執。[1] 淨土宗

1 談錫永在《金剛經導讀》中認為在第十七分段是為破法執而說的，理由是經中的回答多加了一句「實無有法」。可是，「實無有法」的出現並非初次，早在第一輪的第九分段中，須菩提已明確講出「實無有法名阿羅漢」，即顯示破人我執的阿羅漢已是無可執取的。

九祖明朝蕅益（智旭）大師在《金剛經破空論》同樣亦有提及人、法二執。但他並沒有把人、法二執切割開作分別破解，也不贊同前文有未盡之意。有些學者認為前半部是為初發大心修行者而說，而後者是為已發大心修行者而說的。[2] 另外，有學者認為《金剛經》原先在異地流傳兩個版本，文詞的記載稍有出入，後來兩者匯合歸為一本。[3] 這個解釋亦非沒有道理，但需要更詳細的考證才可以作準。但更多解經者不分辨前後分判，直解經文，那可能無法深刻領悟佛陀開示的原意。

四、本書對前後兩半部的解釋

在細心分析以上所提出的疑問，我覺得如果經文的前後兩半部分（以十七分段為界）是針對不同對象，更順理

2 江味農在《金剛經講義》中，將前後兩半部稱為兩周，並認為前周對應的問題是「應云何住」，後周則是「云何應住」。然而，若對比不同譯本，便會發現這一觀點值得商榷：在義淨法師的譯本中，這兩句的順序恰好與江的劃分相反；而在達摩笈多和玄奘法師的版本中，則前後兩周的句子完全相同，並無句序差異。由此觀之，這兩句經文在語義層面的差別或許並不顯著，難以作為區分兩周的關鍵依據。

3 楊白衣：〈金剛經之研究〉，《華岡佛學學報》第 5 期，台北：中華學術院佛學研究所，1981，頁 57-111。頁 58 中提出：「由此推測，後半部可能是後代增加的部分，否則即是：有二種不同版本的《金剛經》，於某一時期合併成為現存的《金剛經》。」

成章了。這方法比較接近智者大師的般若道與方便道的分類方式；亦符合淨土宗九祖明朝蕅益大師所說：「此重遣菩薩心中微細我、法二執。令盡淨無餘也。前文具明二空實義。寧有不盡？！此則特為鈍根再求方便。」[4] 以下分別解說不同對象的因緣。

（一）經文的對象：佛陀是在教導小乘人《阿含經》及方等經後，才講大般若經，所以《金剛經》前半部的主要對像是已經開啟慧眼、證悟「人無我」的阿羅漢。更廣泛的對像是已發菩提心的大乘菩薩眾，以及已證「人無我」並有無量福德的未來眾生。佛陀在《金剛經》中明確提到：「如來為發大乘者說，為發最上乘者說」，而不是為「樂小法者」而說。這是因為般若智慧深奧難解，只有具備一定修行基礎的人才能真正領悟。因此，佛陀着重指導阿羅漢回小向大學習菩薩摩訶薩的修行方式。在《金剛經》中，佛陀提到「菩薩摩訶薩應如是降伏其心」，這表明即使是已經證悟的阿羅漢，也需要進一步提升發菩提心，修習大乘菩薩道，才能最終成就佛果。

（二）佛陀深知在場聽經的凡夫（包括人天眾生）僅

4　《金剛經破空論》明朝智旭在解釋第十七分段經文的開始部份時的講法。

憑肉眼或天眼，難以直接領悟般若智慧，不能像須菩提在聽聞經後，感動到涕淚悲泣。因此，佛陀說有五眼，就是刻意指出佛陀有肉眼及天眼，知道凡夫的困擾，所以鼓勵須菩薩再問同一問題，而慈悲地鼓勵凡夫先發成佛的決心，即經文所說「當生如是心」，種下菩提種子，為未來領悟般若智慧奠定基礎。同時，佛陀也指出凡夫的迷惘在於「執假為實」，無法直接理解「無為法」。所以只要求他們先發成佛的心，種下菩提種子，勤修「有為法」，進而明白「有為法」如夢幻泡影的不實，或如露電般的短暫，在適當的時候便可修「無為法」而領悟《金剛經》。

（三）雖然佛陀在後半部多次重複前半部的重點，但對象不同，領悟亦各異。《無量義經》說「自我得道，初起說法，至於今日，演說大乘無量義經，未曾不說苦、空、無常、無我、非真、非假、非大、非小、本來不生、今亦不滅，一切無相，法相、法性不來不去，而眾生四相所遷。」「是故初說、中說、今說，文辭是一，而義差異；義異故，眾生解異，解異故，得法、得果、得道亦異。」「諸佛無有二言，能以一音普應眾聲。」《維摩經》亦說「佛以一音演說法，眾生隨類各得解」。

（四）凡夫與阿羅漢在理解般若智慧上顯然有差距，這一點非常重要。所以在前半部，須菩提明白不可以三十二相觀如來。凡夫尚未證悟「人無我」，仍然執着於外相，因此無法直接理解般若的深奧義理。所以在下半部，須菩提作為法會的當機者，是站在凡夫的角度說可以三十二相觀如來，須菩提亦是以凡夫的角度回答佛以下的問題。「若人言，佛說我見、人見、眾生見、壽者見，須菩提，於意云何？是人解我所說義不？世尊，是人不解如來所說義。」佛陀亦多次指出凡夫執着外相。例如：「如來說有我者，則非有我，而凡夫之人以為有我」、「若世界實有者，則是一合相，如來說一合相，則非一合相，是名一合相。須菩提，一合相者，則是不可說，但凡夫之人貪着其事。」這表明凡夫需要從基礎修行開始，逐步破除執着。《金剛經》最後的偈頌「一切有為法，如夢幻泡影，如露亦如電，應作如是觀」為凡夫指出修行方向。他們需要從「有為法」入手，通過觀察世間法的無常、無我，逐步破除執着，最終領悟「無為法」及《金剛經》的深意。

（五）經文最後在流通分說「佛說是經已，長老須菩提，及諸比丘，比丘尼，優婆塞，優婆夷，一切世間天人阿修羅，聞佛所說，皆大歡喜，信受奉行。」如果佛陀只對阿羅漢講這部經，就很難想像在場的人天眾生及阿修羅在聞佛所說後，可以皆大歡喜，信受奉行。佛分兩次講同一部經，其實前半部主要為已有慧眼的大羅漢說，下半部主要為只有肉眼或天眼的凡夫而說。所以講經後，所有在場眾生，無論是大羅漢或人天眾生及阿修羅等都得大利益，相信佛陀所說的法，並依此修行。

· 第二章 ·

核心思想

《金剛經》的主旨，是要引導眾生悟入自身本具的真如佛性。佛教認為：眾生皆具如來（佛陀十大名號之一）智慧德相（佛性），但因妄相執着不能證得。如來佛性展現為「不變隨緣、隨緣不變」的悲智一體境界。在經文中，如來出現超過五十多次，經文通過「滅度無量眾生」彰顯不變隨緣的大悲，又以「實無眾生得滅度者」揭示隨緣不變的空性智慧，兩者融合正顯示悲智雙運的境界，是如來的本質，亦是大乘菩薩道的修行目標。

佛是眾生從迷轉悟的覺者，眾生若發起「阿耨多羅三藐三菩提心」（成佛的心），捨離妄想執着，一方面發願度化一切眾生，另一方面了知一切人空法空，無眾生可度。在度化眾生的過程中，既要隨順眾生的因緣，展現大悲心，又自然地保持內心的空性智慧，不執着於度化的相。這種智慧與慈悲的不可分割，正是《金剛經》的核心思想，也是修行者覺悟如來本性的關鍵。

由此可見，經文的核心思想涵蓋了慈悲與智慧兩大範疇，體現為「不變隨緣，隨緣不變」。不變，是指如來本性（佛性）是無自性，是超越生滅、增減的空性。隨緣，是指如來本性在現象界中隨緣顯現，因應無量眾生的需要來度化他們，是大悲心。

一、智慧與慈悲

智慧層面聚焦「無為法」的體證（「無四相」，「無法相」）。「有為法」是世間法，是因緣所生，有生有滅，它不能真正認識到事物現象背後的本質真相。而「無為法」則超越因緣，不生不滅，能夠正確認識事物現象的本質真相。因此，經文多處談及「無為法」（「無四相」，「無法相」），目的是說明提升我們的智慧。例如，第三分段講「無四相」和第五分段的「諸相非相」都是不執於相，即是「無四相」。又如，第七分段「亦無有定法如來可說」和第十分段「於法實無所得」都是「無法相」。

慈悲方面，布施是成就大悲心的最重要途徑。布施可以分為財施、無畏施和法施三種。財施幫助眾生解決物質上的需求；無畏施幫助解除精神上的困擾。然而，財施與無畏施雖能讓眾生活得更愉快，減少煩惱，但並不能幫助眾生超脫生死。相比之下，法施的作用更深遠，它幫助眾生明白因緣法則，修習佛法，最終得以超脫生死，達到無餘涅槃的境界。因此，法施所獲得的福德遠遠超過財施和無畏施。

在佛經中，佛陀多次對財施（七寶布施及身命布施）與法施進行比較。佛陀明確指出，如果有人以七寶填滿無數恒河沙數的三千大千世界來布施，甚至以幾何級數增加的七寶數量作布施，其福德固然很多，但如果有人能受持、讀誦這部經典中的四句偈語，並為他人解說，那麼這個人所獲得的福德將遠遠超過前者。此外，即使有人以無量百千萬億劫的時間以身布施，其福德也不及聽聞這部經典並生起信心不逆之人，更不用說書寫、受持、讀誦、為人解說了。

經中還談到有相布施與無相布施的差別（參考第六章，六，第 196 頁）。有相布施，無論其數量有多大，所獲得的福德都是可以量度的。而無相布施，則能帶來無量無邊、不可量度的福德性，也可以稱之為功德。佛陀在經中解釋，即使有人以七寶填滿三千大千世界作布施，這個人所獲得的福德雖多，卻仍然是有為的福德，和無相布施的福德性相比，仍然是微不足道。

此外，從更宏觀角度看忍辱，亦是「無畏施」，因為讓傷害我的人得到內心憤惱的發洩，可說是悲智雙運。如佛陀舉「歌利王割截身體」之例，闡明忍辱波羅蜜實為「無畏施」的極致展現——在極端傷害中仍能安住空性，正是「隨緣不變」的具體實踐。

二、體相用

《金剛經》蘊含着「體」、「相」、「用」的深刻哲理，體現在佛的三種身 (法身佛、報身佛、化身佛) 的三者關係。

「體」指的是法身佛，它代表了如來的真如本性，這種本性充滿虛空，也可以稱之為大身。法身是不生不滅、不垢不淨、不增不減的，它如如不動，永遠處於清靜自在的空寂之中。

「相」是報身佛，是佛的顯現殊勝形態，具有三十二大人相和八十種隨形好。

「用」是化身佛，比如釋迦牟尼佛在娑婆世界化現，來度化眾生。

「體」、「相」、「用」三者既合而為一，又一分為三。法身佛（「體」）無始無終，因緣成熟時衍生出有始無終的報身佛（「相」），再隨緣以有始有終的化身佛（「用」）出現，度化眾生。「體」隨緣以「相」生起「用」的功能，但在「用」的過程中，並沒有偏離「體」的本質。《金剛經》教導我們要深入認識佛的本性，即法身如來。法身佛是無相的，而人所見到的報身佛或化身佛都是有相的，並非真正的如來。因此，經文強調「不可以身相得見如來」。可見如來是「體」、「相」、「用」的和諧統一，「不變隨緣，隨緣不變」。

般若也可以作為另一個例子，一般高僧大德都將般若分為三個層次：文字般若、觀照般若、實相般若。實相般若是「體」，是佛的如來本性，無法用語言文字完全表達，任何表達都會有偏差。文字般若是「相」，包括佛陀四十多年的講經以及我們所看到的佛經。觀照般若是「用」，雖然佛經不能完全表達如來本性，但我們可以從經文中逐漸體悟般若智慧。

三、正反合——空性義理的表達範式

《金剛經》一般被認定是探討「空」的哲學，故有經贊云：「頓忘人法解真空。」實際上，經文中並沒有直接使用「空」這個字來表述它的主旨。據此，有人認為是因為早期的大乘佛教，「空」的哲學還未完全成熟。從歷史來看，這情況確實很有可能。但根據《大般若波羅蜜經》的編排，《金剛經》是 600 卷中的第 577 卷，屬於十六會中的第九會。這顯示此經屬於般若系，而「空」是般若系的主旨，故視「空」為此經主旨亦無可厚非。那麼，「空」理在經文中又是如何表達的呢？

「空」，體現為「體」、「相」、「用」三者的辯證關係，經文獨創「三支論式」（或「即非是名」）詮釋空性：「A（正題），即非（或則非）A（反題），是名 A（合題）」。

在經文裏，佛陀常常先提一個正題，然後否定它以作為反題，最後將兩者綜合而成為合題。例如經文說：「所言一切法者，即非一切法，是故名一切法。」是說所謂佛法，其實沒有真正的佛法，所謂佛法，是一個假名，可以幫助眾生學習，修行而得正果，所以有它的積極作用。此句式在全經反覆運用逾二十次，涵蓋：第一波羅蜜、微塵、世界、人身長大、莊嚴佛土、實相、法相、諸心、具足色身、一合相等概念。系統辯證，體現「空」的哲學。

一切事物與現象都是因緣和合而生，並非實有，是「空」。但我們也不能執着地認為它是空無（即「空空」）、不存在或完全斷滅，而應超越「空」「有」對立，擅用假名施設，直抵中道，即以下（四）所探討「空有不二」的中道義。

四、空有不二、中道

「空有不二」旨在超越「空」與「有」的二元對立，揭示事物的真實本質，直指諸法「緣起性空」的中道本質。我們知道，「空」並非指虛無，而是指一切現象沒有獨立、不變的自性，而是依緣而生；「有」指現象世界的存在，即我們感知到的萬事萬物。「空有不二」強調「空」與「有」是同一事物的兩面：現象的存在本質上是空的，而空性又通過現象展現出來。中道思想主張不執着於「有」或「空」的極端，既不將現象視為實有，也不將空性理解為虛無，而是如實觀照事物的緣起性。

這一思想在經文中常以正反合的句式來表述，這亦是中觀學派的破執方式：

正：「如來說三十二相」，肯定現象（三十二相）的存在「有」。

反：「即是非相」，否定現象的獨立自性「空」。

合：「是名三十二相」，超越「有」與「空」的對立，回歸假名安立的現象「空空」（中道，又可稱為「空空」，也就是對「空」本身的超越）。修行者破除對現象世界的執着，既不貪戀「有」，也不陷入「空」的虛無，從而獲得智慧與慈悲，覺悟世界的真實本質。

龍樹菩薩在《中論》中說：「因緣所生法，我說即是空，亦為是假名，亦是中道義」（參考第四章，三 (八)，第 150 頁）與此正反合句式有深刻的關聯。兩者都體現了中觀學派的核心思想，即通過「空」「假」「中」三諦來超越二元對立，證悟中道。以下略作個類比，希望能助大家理解。

偈中第一、二句「因緣所生法，我說即是空」，意思是一切現象（法），都是因緣和合而生，沒有獨立、不變的自性，因此本質是「空」。對應於反題句式（即非……），即否定了現象的獨立自性，揭示「空」的本質。

偈中第三句「亦為是假名」，意思是雖然現象本質是「空」，但並非不存在，而是依緣而起，以假名（指基於緣起法則而暫時施設的名言概念）的方式存在。對應於正題句式（佛說……），即肯定現象的存在，但強調這種存在是假名安立的，故它雖肯定了現象層面的存在，但只是假名的方式，並非實有。

偈中最後一句「亦是中道義」，意思是既不執着於「空」（否定現象），也不執着於「有」（肯定現象的實有），而是超越「空」「有」兩者，如實觀照現象的空性，亦深知其為假名安立。對應於合題句式（是名……），即超越了「空」「有」的二元對立而進入本體，體現中道的智慧。

第三章 經文淺釋

這章以第二章所揭示的核心思想為基礎，透過簡單文字，一氣呵成地將整部經文的核心要義呈現給讀者。希望在快節奏的現代生活中，通過較簡明扼要的方式，幫助大家輕鬆把握這部經典的精髓。

第一分段 佛陀重視平等

> 如是我聞。一時，佛在舍衛國祇樹給孤獨園，與大比丘眾千二百五十人俱。爾時，世尊食時，著衣持鉢，入舍衛大城乞食。於其城中，次第乞已，還至本處。飯食訖，收衣鉢，洗足已，敷座而坐。

佛陀的生活與眾生並無二致，他放下了自我的身份，與一千二百五十名弟子平等地穿衣、持缽，不選擇地逐家乞食。用餐後，他也會自己收拾衣缽，洗腳，然後坐下為弟子們開示。這種生活方式體現了佛陀對平等的重視，也為弟子們樹立了平等的榜樣。

第二分段 須菩提發問：如何安心及如何修心？

時，長老須菩提在大眾中，即從座起，偏袒右肩，右膝著地，合掌恭敬而白佛言：「希有世尊！如來善護念諸菩薩，善付囑諸菩薩。

世尊！善男子、善女人，發阿耨多羅三藐三菩提心，應云何住？云何降伏其心？」

佛言：「善哉！善哉！須菩提，如汝所說，如來善護念諸菩薩，善付囑諸菩薩。汝今諦聽，當為汝說。善男子、善女人發阿耨多羅三藐三菩提心，應如是住，如是降伏其心。」

「唯然，世尊。願樂欲聞。」

須菩提向佛陀提出兩個重要問題：善男子、善女人，發成佛之心，應該如何安住其心？應該如何降伏其妄心？佛陀首先回答道：「善哉！善哉！」以作鼓勵。第一個「善哉」是對須菩提提問的讚歎，認為他問得非常好；而第二個「善哉」是對須菩提問題的肯定，表明這個問題確實能夠引導眾生理解佛心的真意。

第三分段 不變隨緣、隨緣不變

佛告須菩提：「諸菩薩摩訶薩應如是降伏其心：

『所有一切眾生之類，若卵生、若胎生、若濕生、若化生，若有色、若無色，若有想、若無想、若非有想非無想，我皆令入無餘涅槃而滅度之。』如是滅度無量、無數、無邊眾生，實無眾生得滅度者。何以故？

須菩提！若菩薩有我相、人相、眾生相、壽者相，即非菩薩。」

佛陀以佛眼所觀，便知道在場的一千二百五十名弟子皆是已證得慧眼的大阿羅漢，他們的境界已遠非初學者可比。因此，佛陀並未直接回答須菩提關於安住心性的問題，而是將話題引向更高層次，鼓勵阿羅漢向已證了法眼的菩薩摩訶薩（即初地以上的大菩薩）學習，如何去降服充滿妄想的內心。因為對像是已證得慧眼的阿羅漢，而他們已安住於有餘涅槃，所以佛陀便不回答第一個問題如何安住其心，改為直接回答第二個如何降伏其妄心的問題，主要是鼓勵大阿羅漢弟子發慈悲心重回世間度化眾生，教導他們學習大菩薩怎樣降伏其心，不用懼怕再被世間污染。若我們仔細想想，便會發現這個答案其實已包含對第一個問題（如何在更高層次安住其心）的回應。

經中所言「菩薩摩訶薩」，是菩薩大士，即大菩薩。他們的使命是廣度九界眾生（四種不同類型的生命體：卵生、胎生、濕生、化生），尤其是天、人兩界的生命體（即欲界、色界、無色界的三界眾生），涵蓋從充滿欲望的凡夫到無色界最高境界的非想非非想天的天人。大菩薩

安住在真如本性的不變，而隨順因緣度化無量無數無邊眾生（不變隨緣），幫助所有眾生修心進入清淨無染的無餘涅槃，消除一切煩惱、妄心；同時於度化中保持心體澄明（隨緣不變），泯除能度所度之相，不覺得曾經度過任何眾生。這是成為大菩薩修行路上的必經歷程。

在救度眾生的過程中，大菩薩們彰顯「空有不二」的中道智慧。從現象上看，他們似乎滅度了無量無數無邊的眾生，這是「有」、是「相」；但從本質上說，並沒有眾生真正被救度，因為眾生皆是由因緣和合而生，無自性可得，這是「空」、是「體」。因此，大菩薩們在行動上不執着於形式，而是用心感受和回應每一個眾生的需求，消除他們的煩惱和妄想。「空有不二」的「中道」就是「用」。由此可見，「體」、「相」、「用」便是「空」、「有（假）」、「中」。此即龍樹菩薩「三是偈」所詮的深意——以空性為體，假有為相，中道為用，三諦圓融無礙。若要成為菩薩摩訶薩，便要將心安住在真如本性中，須離四相執着：我相（主觀分別）、人相（對象執取）、眾生相（群體概念）、壽者相（時間妄執）。此四相實為輪迴根本，亦是菩提道障。若心住四相，縱有度生之行，亦墮有為法中，非真菩薩境界。關於四種相的含義，參考第四章，二（三）5，第 128 頁。

佛陀此段開示，實為整部《金剛經》的撮要。佛陀的教誨不僅是對個人修行的指導，更是對整個宇宙生命智慧的深刻揭示。大菩薩們以其無私的奉獻（不變隨緣）和深邃的智慧（隨緣不變），成為初發心菩薩的模楷。

第四分段 無相法施、福德不可思量

「復次，須菩提！菩薩於法應無所住行於布施，所謂不住色布施，不住聲、香、味、觸、法布施。

須菩提！菩薩應如是布施，不住於相。何以故？若菩薩不住相布施，其福德不可思量。

須菩提！於意云何？東方虛空可思量不？」

「不也，世尊！」

「須菩提！南、西、北方，四維、上、下虛空可思量不？」

「不也，世尊！」

「須菩提！菩薩無住相布施，福德亦復如是不可思量。

須菩提！菩薩但應如所教住。」

如何幫助眾生達到無餘涅槃的境界？

布施是實現這一目標的重要手段，可概分為三類：財施、無畏施、法施。財施，顧名思義是幫助眾生解決物質上的匱乏，讓他們在生活上得到一定的幫助和改善。無畏施，是幫助眾生解除精神上的困擾和恐懼，給予他們心靈上的慰藉和支持。相較於財施，無畏施較側重精神層面的支持與慰藉。它意味着在眾生面臨恐懼、憂慮或精神困擾時，可以給予他們勇氣、信心與安慰，幫助他們克服內心的障礙，重拾對生活的希望與勇氣。雖然財施和無畏布能夠暫時緩解眾生的煩惱，在一定程度上提升其生活品質，但卻無法從根本上令他們解脫生死輪迴。法施，是幫助眾生明白因果法則，學習並修行佛法，通過智慧的提升和心靈的淨化，最終達到解脫生死、進入無餘涅槃的境地。這是布施中最深層次和最根本的一種。

在布施的過程中，菩薩的心境尤為重要，因為這涉及他們自身的修行。他們安住在真如本性之中，不為外界六塵（色、聲、香、味、觸、法）所動，不執着於任何身心愉悅與滿足的表象。他們深知這些外境不過是心中的影像，是「空」的幻象，不值得去追求與執着。同時，菩薩也不會陷入對「空」這個概念（本身也是法塵）的執着，即所謂的「空空」，從而保持內心平靜自在。他們隨順因緣而行，廣行布施，內心卻如如不動，達到「不變隨緣，隨緣不變」的大菩薩境界。

菩薩所行的這種無相布施，積累的福德無法用任何標準來衡量。他們的心安住真如本性，在這境界中既不增不減，也無邊無際，因為無相布施所得的福德如同宇宙的虛空一般深邃遼闊，是無可限量的。佛陀是在強調菩薩應安住在真如本性之中，廣行無相布施，既幫助眾生解脫生死輪迴，自己亦邁向無餘涅槃的彼岸。

第五分段 真如本性非外相所能見

「須菩提！於意云何？可以身相見如來不？」

「不也，世尊！不可以身相得見如來。何以故？如來所說身相，即非身相。」

佛告須菩提：「凡所有相，皆是虛妄。若見諸相非相，則見如來。」

此段經文中，釋迦牟尼佛以不同尊號被稱謂，包括如來及世尊，這些源自十名號的稱謂（參考第四章，二（二）2，第125頁），蘊含深奧的法義。佛，是對覺悟者的尊稱，它代表對宇宙萬物本質徹底領悟的智慧者。如來，是強調佛的真如本性。「如」寓意不動，象徵內心寧靜恒定；「來」寓意變和動，代表佛隨緣度化眾生的慈悲。如來，是心永遠保持如如不動，卻隨緣來去，廣度有情。經中佛陀常以如來自稱，是對其無上智慧和慈悲的最好詮釋。世尊，是人天共仰之敬稱，喻其為引導眾生離苦得樂的無上導師。佛以無盡的慈悲和智慧，引導世間眾生走出迷茫，邁向覺悟。

在佛的眼中，眾生平等，無有差別，正如《華嚴經》所言：「心佛及眾生，是三無差別。」這句話深刻地揭示佛與眾生之間的本質聯繫，他們同源於一心，同具一性，差異僅在迷悟之間。佛，以其超凡智慧，超越表相的束縛，而眾生，則往往執着眼前的虛幻，難以自拔。大菩薩的修行是要安住於真如本性之中。在隨緣度化眾生的過程中，內心應如如不動，保持寧靜與智慧。這就是「不變隨緣，隨緣不變」的深刻內涵。它告訴我們，無論外界如何變化，我們的內心都應保持恒定與清淨，以不變應萬變，以隨緣度眾生。

佛有三種身相，法身、報身、化身。其中，法身是無相的，是佛的真如本性，報身是修成佛果所展現的莊嚴外相，而化身是佛為了度化眾生而顯現的相和作用。眾生在修行過程中，應當深入認識佛的如來本性，而不是僅僅停留在對報身佛與化身佛表象（例如佛像莊嚴）的欣賞和讚歎上。真正的覺悟，不在於外在的形式，而在於內心的覺醒。因此，佛陀問須菩提：「可以身相見如來不？」這一問，直指人心，揭示修行的關鍵所在。僅僅看到報身佛與化身佛的表象，而無法洞察到其背後的真實本性，這絕非覺悟之道。唯有通過「不變隨緣，隨緣不變」的大智慧和大悲心，才能超越「有」與「空」的二元對立，達到「空有不二」的境界，才能真正體證般若。至此眾生便能明白，所有表象都是心生影像或幻覺，並非真實存在。

第六分段 後五百歲，有持戒修福者，於此章句，能生信心

須菩提白佛言：「世尊！頗有眾生，得聞如是言

說章句，生實信不？」

佛告須菩提：「莫作是說。如來滅後後五百歲，有持戒修福者，於此章句，能生信心，以此為實，當知是人不於一佛、二佛、三、四、五佛而種善根，已於無量千萬佛所種諸善根。聞是章句，乃至一念生淨信者。

須菩提！如來悉知悉見，是諸眾生得如是無量福德。何以故？是諸眾生無復我相、人相、眾生相、壽者相，無法相，亦無非法相。何以故？是諸眾生若心取相，則為著我、人、眾生、壽者。若取法相，即著我、人、眾生、壽者。何以故？若取非法相，即著我、人、眾生、壽者。是故不應取法，不應取非法。以是義故，如來常說：『汝等比丘，知我說法，如筏喻者，法尚應捨，何況非法。』」

第二分段開宗明義點出一個深刻的問題，初發心修菩薩行的善男信女們應如何安住、如何降伏他們的心。佛陀的回答並未直接涉及安住之法，而是着重闡述菩薩應如何降伏自己的心。於是，須菩提再次向佛陀發問，因他擔憂如此深奧的法理，對一般凡夫眾生來說，是否過於晦澀難懂而無法根本真正明白和相信。這個問題反映須菩提對眾生根性的深刻洞察，以及對佛法普傳的深切關懷。

然而，佛陀的回答卻出乎須菩提的意料。佛陀並沒有直接針對一般眾生進行解答，而是將目光投向未來，指出在佛滅度後的五百歲（五百歲是一個虛數，意指佛滅後的漫長時間，例如在末法時代），仍有一些大修行人會出現。他們已經具備深厚的善根及福德，是在無量千萬佛的教導下逐漸成長起來的，他們不僅接受並深信這個法是真實不虛的。他們既安住在真如本性之中，不執着四相，也不會執着般若波羅蜜法，亦不會否定般若波羅蜜法能幫助眾生走向成佛之路。能持「空有不二」態度的修行人，足證他們擁有無量福德。

佛陀在此再次強調「空有不二」的道理，他開示的方法能幫助眾生了脫生死（有），同時也告誡眾生不要執着這個方法本身（非法、空）。也就是說，既不要執着「有」，也不要執着「空」，而是要在這兩者之間體證中道。為了更生動地說明這一點，佛陀用木筏作為比喻。木筏可以幫助眾生渡過苦海得到解脫，但一旦到達彼岸，就不要再抓住這個木筏不放。因為木筏只是工具，真正的解脫在於內心的覺醒和智慧的開啟。

通過這段對話，我們可以深刻地感受到佛陀對修行的獨特見解和深刻洞察。他不僅教導我們要降伏自己的心，更要我們明白「空有不二」的道理，不要執着任何一端。只有這樣，我們才能在修行的道路上不斷前行，最終一起到達解脫的彼岸。

第七分段 如來所說法皆不可取不可說

「須菩提！於意云何？如來得阿耨多羅三藐三菩提耶？如來有所說法耶？」

須菩提言：「如我解佛所說義，無有定法名阿耨多羅三藐三菩提，亦無有定法如來可說。何以故？如來所說法，皆不可取、不可說，非法、非非法。所以者何？一切賢聖皆以無為法而有差別。」

佛陀在教導不應執着「四相」與「法相」後，特意再問須菩提：佛是否已經證得最高的覺悟（阿耨多羅三藐三菩提）？並且佛是否曾宣說任何佛法？這兩問，實則是引導弟子對佛法的本質及其弘揚方式的深刻反思。

須菩提作為「解空第一」的大弟子，自然深知此問的深意。他立刻領悟到，佛陀是想通過他的口，傳達不應執着「法相」的重要資訊。於是，須菩提毫不猶豫地回答，世間並無一成不變的「成佛之法」。佛陀的教誨，如同春雨般潤物無聲，是根據眾生的不同根器和需求靈活施教。真理，這個超越言語的存在，一旦用語言文字表達，就可能因為語言的局限性和聽眾的理解差異而產生偏差。然而，如果不說出來，眾生又怎能有機會去思考、去修行、去尋求解脫呢？因此，對於佛陀所說的法，我們應當通過觀照、體會、和實踐來領悟其中真諦，但又絕不能僅僅執着文字本身，以免誤將文字當作真理的實體，從而迷失修行的方向。即是經文所說「不可取、不可說。」

高僧大德們常將般若智慧分為三個層次：文字般若、觀照般若、和實相般若。這三個層次，既是對佛法理解深度的遞進，也是對修行者境界提升的指引。文字般若，是佛法傳播的初步形式，通過文字記載和傳播佛陀的教誨；觀照般若，是修行者通過內心的觀照和思考，對佛法進行深入的領悟和體驗；實相般若，是修行者最終悟入的真理實相，是超越一切文字和概念的直接體悟。這三個層次，既相互獨立，又相互依存，共同構成般若智慧的完整體系。因此，不要以為非法是「空」就不理會，要「空空」，即「非非法」去修行。

在佛教中，「有為法」是因緣所生法，有生滅，有變化，被視為世間的法則。人們往往執着這些「有為法」的表象，而忽略其背後的本質真相。相比之下，「無為法」則超越了因緣條件的束縛，它不生不滅，永恆不變。修行者若能安住「無為法」中，便能透過「有為法」的表象，洞察一切事物和現象的本質真相。這種洞察，不僅是對外界事物的認知，更是對內心世界的深刻體悟。

一切賢者和聖人（參考第四章，二（七）4，第 132 頁），他們所修行的都是要通達「無為法」。然而，在認識和實踐「無為法」的過程中，由於個體的差異和修行的深度不同，他們也會有不同的覺悟和境界。這種差異，正是佛教所強調的「因材施教」、「對機說法」的體現，使佛法如同甘露般滋潤每一個修行者的心田，讓他們在不同層次上修行，逐漸邁向解脫的彼岸。

綜上所述，佛陀關於不執着「四相」與「法相」的教誨，不僅是對個體修行的重要指引，更是對佛法本質及其傳播方式的深刻詮釋。修行者應通過內心的觀照和思考，領悟佛法的真諦，同時又不執着文字本身，以免迷失方向。在「無為法」的修行中，不斷提升自己的境界，最終達到解脫的彼岸。

第八分段 有相布施的較量

「須菩提！於意云何？若人滿三千大千世界七寶以用布施，是人所得福德，寧為多不？」

須菩提言：「甚多，世尊！何以故？是福德即非福德性，是故如來說福德多。」

「若復有人，於此經中受持乃至四句偈等，為他人說，其福勝彼。何以故？須菩提！一切諸佛及諸佛阿耨多羅三藐三菩提法，皆從此經出。須菩提！所謂佛法者，即非佛法。」

第四分段介紹過無相布施，這裏佛再強調，菩薩不住相布施，所得的福德無量無邊，無法用世俗的標準衡量。

這是福德性或功德，超越物質與形式，是心靈層面的提升與淨化。

反過來說，有相布施的福德可以衡量，它受限於布施者的心態、動機以及布施的對象與方式。如果有人將充滿三千大千世界（指宇宙的廣大範圍，參考第四章，二（八）1，第 133 頁）七寶（金、銀、琉璃、玻璃、硨磲、赤珠、瑪瑙）來布施，這樣的財施無疑會為他帶來大量的福德。然而，若他着相於布施的福德，那就只能停留在物質福報的層面，雖可享受人天福報，卻無法獲得更深層次的功德或福德性，難以超越生死輪迴。

按《碧岩錄》（禪宗譽之為宗門第一書）所載，菩提達摩祖師來到中國，與梁武帝會面。梁武帝曾詢問達摩祖師，他造寺度僧無數[1]，會有什麼功德。達摩祖師直截了當地回答並無功德。這個例子清楚地表明，心中着相於求取功德的人，並不能得到真正的功德或福德性。

相比之下，法施比財施的福德要大得多。如果有人能夠接受並依照佛經修行，即使只是向他人講解這部經的部分內容（如經中的四句偈），他所得的福德要比布施三千大千世界的七寶還要多。因為法施能夠引導人們走向解脫之道，提升他們的精神境界，這種功德無法用物質來衡量。

正如《心經》所說「三世諸佛，依般若波羅蜜多故，

1　當時出家需要朝廷發度牒批准才能成為僧人。

得阿耨多羅三藐三菩提」。這裏，佛陀告訴須菩提：「一切諸佛及諸佛阿耨多羅三藐三菩提法，皆從此經出。」主要指出般若波羅蜜是諸佛之母，所謂「皆從此經出」，不是單指《金剛經》，而是涵蓋所有的般若波羅蜜經，包括《大般若經》、《心經》等等。這些經典都是引導我們走向解脫、獲得無上智慧的寶貴指南。然而，佛陀也提醒我們不要執着般若波羅蜜法為實有。佛法雖然存在，但它是空性的體現，超越物質與形式。我們不應該將佛法視為一種可以捉摸、可以擁有的實體，而應該將其視為一種智慧的啟悟，幫助我們超越生死輪迴，達到真正的解脫。

第九分段 小乘賢聖皆以無為法而有差別

「須菩提！於意云何？須陀洹能作是念，『我得須陀洹果』不？」

須菩提言：「不也，世尊！何以故？須陀洹名為入流，而無所入，不入色、聲、香、味、觸、法，是名須陀洹。」

「須菩提！於意云何？斯陀含能作是念，『我得斯陀含果』不？」

須菩提言：「不也，世尊！何以故？斯陀含名一往來，而實無往來，是名斯陀含。」

「須菩提！於意云何？阿那含能作是念，『我得阿那含果』不？」

須菩提言：「不也，世尊！何以故？阿那含名為不來，而實無來，是故名阿那含。」

「須菩提！於意云何？阿羅漢能作是念，『我得阿羅漢道』不？」

須菩提言：「不也，世尊！何以故？實無有法名阿羅漢。

世尊！若阿羅漢作是念『我得阿羅漢道』，即為著我、人、眾生、壽者。

世尊！佛說我得無諍三昧，人中最為第一，是第一離欲阿羅漢。我不作是念：『我是離欲阿羅漢。』

世尊！我若作是念『我得阿羅漢道』，世尊則不說須菩提是樂阿蘭那行者。以須菩提實無所行，而名須菩提是樂阿蘭那行。」

此處就第七段所講「一切賢聖皆以無為法而有差別」，向小乘佛弟子揭示佛教的一個重要觀念，即無論是哪位賢聖，其修行與成就都是基於「無為法」（即不執着任何形式或現象），並根據各自根器與修行的深淺不同，展現出不同的境界與果位。聲聞乘弟子們遵循的是一條逐步修行、次第證果的道路，依其所放下的執着與妄想，依次證入四果：須陀洹、斯陀含、阿那含、阿羅漢。這四個果位分別代表不同程度的解脫與淨化，從初步的脫離三途惡

道，到最終的徹底解脫，每一步都是對「無為法」深刻領悟與實踐的體現。

佛陀詢問須菩提尊者，這些小乘弟子在修行過程中，是否會執着他們所修的法，從而證其所得果位呢？須菩提堅定地回答「不會」。他進一步以自己為例，說明自己不會執着「四相」及「法相」，即不會執着自己得到阿羅漢果位及所展現的形式。同樣，他也不會執着佛陀對他的嘉許，如已得無諍三昧、清淨無染的正念，乃至被譽為人中最為第一、清淨的修行人。須菩提能以「隨緣不變」的心態接受佛的嘉許，反映出真正的修行者，始終保持着內心的清淨，不會被外在的形式或內在的執着所束縛，以不變之心隨順外界因緣。須菩提這種態度，正是「無為法」的精髓所在——不為任何外在的讚譽或內在的成就所動搖。

綜上所述，無論是小乘聲聞乘弟子或是大乘菩薩道的修行者，他們都旨在修行「無為法」。在修行過程中，每一個階段的成就與體驗都是對「無為法」的實踐與驗證，而真正的解脫與覺悟，不是追求某種外在的成就或地位，而在於超越一切執着與分別，達到心靈的徹底自在與清淨，始終保持一顆隨緣不變的心。

第十分段 應無所住而生其心

佛告須菩提：「於意云何？如來昔在然燈佛所，

於法有所得不？」

「世尊！如來在然燈佛所，於法實無所得。」

「須菩提！於意云何？菩薩莊嚴佛土不？」

「不也，世尊！何以故？莊嚴佛土者，則非莊嚴，是名莊嚴。」

「是故須菩提，諸菩薩摩訶薩應如是生清淨心，不應住色生心，不應住聲、香、味、觸、法生心，應無所住而生其心。

須菩提！譬如有人，身如須彌山王，於意云何？是身為大不？」

須菩提言：「甚大，世尊！何以故？佛說非身，是名大身。」

第六分段明確指出不應執着一切法的觀念，意在告誡修行者，世間萬物皆無固定不變之相，執着於相只會束縛心靈，阻礙對本質的領悟。緊接着，第七分段進一步闡述佛並未證得所謂阿耨多羅三藐三菩提成佛的具體法門，這並非否定佛的成就，而是強調成佛之路在於個人的覺悟與實踐。佛陀在因地修菩薩行時，也並未從燃燈佛那裏得到具體的法，因為菩薩的修行是自我覺悟的過程，找回本已具足的真如本性，這一本性是每個人內在最純淨、最真實的存在。

基於這一原理，菩薩在修行過程中也不會刻意去莊嚴佛土。佛土，作為眾生心靈歸宿的象徵，其本質已經是莊嚴無比。菩薩的心靈本就清淨，當他們與佛土相應時，自然地顯現莊嚴之相。因此，莊嚴只是一個相對的假名，它並非通過外在的修飾或努力獲得，而是內心清淨與智慧的自然流露。由此可見，修行的核心在於擁有一顆清淨心。這顆心能夠安住在真如本性之中，不被外界的色、聲、香、味、觸、法等六塵所動搖。同時，菩薩又能隨緣而起，生起度化眾生的慈悲之心，正如經典所言：「應無所住而生其心」。在度化眾生的過程中，菩薩的心依舊保持清淨自在，不為外境所轉，這正是「不變隨緣，隨緣不變」的至高境界。

最後，佛再次強調真實與虛幻的界限。那些可以比較大小的色身，不過是虛妄之相，被稱為「非身」，不要執着「大或小」的兩邊，要明白「大、小」不二的中道。佛具有三身——法身、報身、化身，其中只有法身才是如來的本性，超越一切邊際。因此，只有法身才能真正稱為大身，它代表了真如本性。

第十一分段 比較財施與法施

「須菩提！如恒河中所有沙數，如是沙等恒河，於意云何？是諸恒河沙寧為多不？」

須菩提言：「甚多，世尊！但諸恒河尚多無數，何況其沙。」

「須菩提！我今實言告汝，若有善男子、善女人，以七寶滿爾所恒河沙數三千大千世界以用布施，得福多不？」

須菩提言：「甚多，世尊！」

佛告須菩提：「若善男子、善女人，於此經中，乃至受持四句偈等，為他人說，而此福德勝前福德。」

在第八分段，佛陀指出儘管以充滿三千大千世界的罕見珍寶作布施，但相對於法施來說，相對仍是渺小。因為財施只能解決眾生眼前的物質困難，法施卻能引導眾生走向內心的智慧與解脫，兩者有着截然不同的層次。因此，縱使將財施的量以幾何級數地不斷增加，其福德仍然不能與法施的相比。

第十二分段 無相法施的殊勝

「復次，須菩提！隨說是經，乃至四句偈等，當知此處，一切世間天、人、阿修羅皆應供養，如佛塔廟，何況有人盡能受持、讀誦？須菩提！當知是人成就最上、第一、希有之法，若是經典所在之處，則為有佛，若尊重弟子。」

佛陀再次強調無相法施帶來的無邊福德。他提到，若有人向眾生講解《金剛經》，即使是經中的任何四句偈語，都足以讓世間所有的天、人、阿修羅心生敬意並願意供養。所謂「盡能受持」，可以理解為那些已經超越執着，安住於本性的修行人。他們以「不變隨緣，隨緣不變」的心態行法施，其成就尤為稀有。因為自心即是佛，當他們宣講經文時，所在之處就如佛親臨，他們無疑是最優秀的佛弟子。

第十三分段 上半部結經前 佛陀總結經文的一些重點

爾時，須菩提白佛言：「世尊！當何名此經？我等云何奉持？」

佛告須菩提：「是經名為『金剛般若波羅蜜』。以是名字，汝當奉持。所以者何？

須菩提！佛說般若波羅蜜，則非般若波羅蜜。

須菩提！於意云何？如來有所說法不？」

須菩提白佛言：「世尊！如來無所說。」

「須菩提！於意云何？三千大千世界所有微塵是為多不？」

須菩提言：「甚多，世尊！」

「須菩提！諸微塵，如來說非微塵，是名微塵。如來說世界，非世界，是名世界。

須菩提！於意云何？可以三十二相見如來不？」

「不也，世尊！不可以三十二相得見如來。何以故？如來說三十二相，即是非相，是名三十二相。」

「須菩提！若有善男子、善女人，以恒河沙等身命布施；若復有人，於此經中，乃至受持四句偈等，為他人說，其福甚多。」

《金剛經》的上半部（第一至第十六分段）主要針對是已開慧眼的大阿羅漢，下半部則面向人天眾。佛陀基本完成在前半部經文的講解之後，通常會開示以示結尾，並會為該經文命名。因此，佛在這裏為這次講經命名為《金剛般若波羅密》。

到此，可說是闡釋了全經的主旨，但為了加強須菩提及在場的弟子的理解，佛陀再重複這部經的重點。

佛再次強調不應執着《金剛般若波羅密》這一名相（「有」），指出一切法門都不是定法，而是「空」的，甚至連「空」的概念也要超越，要從假名中觀照修行（法）以感悟實相（「空有不二」）。

經文中經常出現「A，即非 A，是名 A」的句式，在第二章（三，第 50 頁）已詳細解釋過，它代表「空有不二」的中道義。佛進一步強調，他從未講過固定的佛法，一切的教導都是順應眾生不同的根器和成就而說，一切皆是隨緣教導眾生。隨着《金剛經》的講解接近尾聲，佛再用不同例子教導不要執着一切「四相」及「法相」。在這分段中，佛突然提及在三千大千世界微塵眾多。我的理解是眾生的煩惱及妄心，就如微塵那麼多，那麼飄浮不定。我相信這樣的理解更貼近本經的主旨（參考第四章，二(十四)1，第 141 頁）。《維摩經》說：「心淨則佛土淨」。我們生活的世界是淨土還是穢土，取決於眾生的心。《楞嚴經》提到「由心生故，種種法生；由法生故，種種心生。」故可以說，已斷除煩惱、妄心的世界是淨土，而充滿煩惱、妄心的世界則是穢土，而每個人都有不同的內心世界。隨着修行，可以從煩惱轉變為菩提，於是，個人的世界也會從穢土變為淨土。所以說世界，非世界（沒有不變的世界），是名世界（是假名，是反映每個人心中現實世界），但通過修行可以改變自己，成就真實的世界。

接着，佛再次強調不應執着佛的莊嚴外相（三十二相）而自以為認識了佛，也不應見到佛的報身或化身就認為見到如來的本性（法身）。眾生應通過修行，從莊嚴的三十二相報身來體悟法身的如來本性。

布施是度化眾生的最有效工具，如果是有相的布施，其福德可以量度，可以比較，法施比財施更殊勝，福德也更多。經中將財施與法施相比，眾生最重視的是自己的生命，如果能連自己的生命都布施出去，將累生累世、無量

無邊的生命進行布施，其人天福德當然非常大，但與法施相比，仍顯得微不足道。

第十四分段 佛陀繼續總結經文的一些重點

爾時，須菩提聞說是經，深解義趣，涕淚悲泣，而白佛言：「希有世尊！佛說如是甚深經典，我從昔來所得慧眼，未曾得聞如是之經。

世尊！若復有人得聞是經，信心清淨，則生實相，當知是人，成就第一希有功德。

世尊！是實相者，則是非相，是故如來說名實相。

世尊！我今得聞如是經典，信解、受持不足為難，若當來世後五百歲，其有眾生得聞是經，信解、受持，是人則為第一希有。何以故？此人無我相、人相、眾生相、壽者相。所以者何？我相即是非相，人相、眾生相、壽者相即是非相。何以故？離一切諸相，則名諸佛。」

佛告須菩提:「如是，如是！若復有人得聞是經，不驚、不怖、不畏，當知是人甚為希有。何以故？

須菩提！如來說第一波羅蜜，非第一波羅蜜，是名第一波羅蜜。須菩提！忍辱波羅蜜，如來說非忍辱波羅蜜。何以故？

須菩提！如我昔為歌利王割截身體，我於爾時，無我相、無人相、無眾生相、無壽者相。何以故？我於往昔節節支解時，若有我相、人相、眾生相、壽者相，應生瞋恨。

須菩提！又念過去於五百世作忍辱仙人，於爾所世，無我相、無人相、無眾生相、無壽者相。

是故，須菩提！菩薩應離一切相，發阿耨多羅三藐三菩提心，不應住色生心，不應住聲、香、味、觸、法生心，應生無所住心。若心有住，則為非住。是故，佛說菩薩心不應住色布施。

須菩提！菩薩為利益一切眾生，應如是布施。如來說:『一切諸相，即是非相。』又說:『一切眾生，則非眾生。』

須菩提！如來是真語者、實語者、如語者、不誑語者、不異語者。

須菩提！如來所得法，此法無實無虛。

須菩提！若菩薩心住於法而行布施，如人入闇，則無所見；若菩薩心不住法而行布施，如人有目，日光明照，見種種色。

須菩提！當來之世，若有善男子、善女人，能於此經受持、讀誦，則為如來以佛智慧悉知是人，悉見是人，皆得成就無量、無邊功德。」

聽到這裏，須菩提內心充滿喜悅和感動、他涕淚悲泣。表示自己雖然已得慧眼，但到現在才有機會聽聞如此甚深微妙的義理。跟着須菩提講出自己的體悟，指出所謂實相即「真如本性」，亦即「如來」，但這個「真如本性」並非固定不變，是「空」的。

須菩提進一步表示，如果有人聽聞這經之後，因而領悟實相般若，尤其是在佛滅後的一段長時間內，人們能聽聞此經、相信、接受、修持，繼而完全放下四相的執着，實在是難能可貴、更是非常稀有的。他們已經明白，所謂四相，即非四相。明白一切「四相」及「法相」都是心中的影像，並非真實存在，但人們可以從這些影像中觀照實相般若，體會「如來」的本性。佛隨即讚歎須菩提「如是，如是」，即你講得對，亦契入我心。並且強調，若有人能以清淨心接受此經，便能心安樂自在，這樣的人真是非常稀有，難能可貴，因為他們不會執着一切相，能夠保持如如不動的心境。

接着，佛陀繼續再次強調經文的一些重點：般若波羅密（即第一波羅密）是「空」，但亦可從這個假名，實踐智慧與慈悲（悲智雙運）。大乘人修六波羅密，即「布施、持戒、忍辱、精進、禪定、般若」，在這裏佛陀特別選擇布施、忍辱、及般若教導眾生怎樣得證「如來」本性。例如，即使身心受到極大折磨，內心的本性仍能保持如來不動的真心。這是因為他們明白忍辱波羅密是「空」，所以能從假名體悟如來的本性。佛陀用歌利王割截身體及過去五百世作忍辱仙人的例子來解釋，讓傷害自己的人得到內心憤怒的發洩，是「無畏施」是「隨緣不變」。

另一方面，佛陀再重複無相布施來解釋「不變隨緣」：菩薩不執着任何外相（色、聲、香、味、觸、法）來發大悲心，心如如不動（不變），隨緣利益一切眾生、度化一切眾生。

總的來說，一切諸相（四相及法相）及一切眾生都是「空」，是假名，菩薩會順應諸相來度眾生，不執着有任何眾生可度（「不變隨緣，隨緣不變」）。

佛強調如來的一切開示都是真實、不虛假、不誇大的，是引導眾生走上正覺的教誨，如來所證悟的法是空寂、無相的，故此是「無實」（例如滅度眾生而並無眾生真正被滅度），但人們可以借用這假名的法，不捨修行亦不捨眾生，悲智雙運，這便是真實不虛的「無虛」（例如滅度無量無數無邊眾生）。

佛告誡菩薩不可以着相去行布施，否則便一無所得，就好像進入一個黑暗的地方，什麼也看不見，但如果菩薩能不執相布施，就好像人有眼睛，在日光照耀下，什麼事物都可以看得清清楚楚。也就是說，不執取相布施便是「不變隨緣」，這樣便能見到光明的佛境界。

最後，在佛滅後的五濁惡世中，若有善男子、善女人有緣聽聞此經，受持並以此修行並與他人分享，佛陀肯定他們將來必會成就無量無邊的功德（即福德性）。實際上，在經文的上半部分，須菩提一開始就問佛，善男子、善女人若發菩提心，應如何安住、如何降伏其心，當時佛的回答主要針對菩薩摩訶薩應怎樣降伏其心。到這裏快將講完整部經時，佛才回應須菩提所提出的問題，簡潔地指出，如果善男子、善女人跟隨這些教誨來修行，將來必得無量無邊的功德。這裏亦暗示須菩提可以進一步追問這個問題。

正是從這些假名出發，人們可以展現「不變隨緣」的大悲心，亦可以展現「隨緣不變」的大智慧。

第十五分段 受持讀誦此經的裨益

「須菩提！若有善男子、善女人，初日分以恒河沙等身布施，中日分復以恒河沙等身布施，後日分亦以恒河沙等身布施，如是無量百千萬億劫以身布施。若復有人，聞此經典，信心不逆，其福勝彼，何況書寫、受持、讀誦、為人解說。

須菩提！以要言之，是經有不可思議、不可稱量、無邊功德。如來為發大乘者說，為發最上乘者說。若有人能受持、讀誦、廣為人說，如來悉知是人，悉見是人，皆得成就不可量、不可稱、無有邊、不可思議功德，如是人等，則為荷擔如來阿耨多羅三藐三菩提。何以故？

須菩提！若樂小法者，著我見、人見、眾生見、壽者見，則於此經，不能聽受、讀誦、為人解說。

須菩提！在在處處若有此經，一切世間天、人、阿修羅所應供養。當知此處則為是塔，皆應恭敬、作禮、圍繞，以諸華香而散其處。」

佛陀在前十三及十四兩分段總結這部經的重點後，進一步展示受持及讀誦此經所能帶來的無盡好處。首先，他進行了一次簡明的功德比較，指出那些有緣聽聞此經並深信不疑的人，其福德遠超越那些以無量劫的身命進行布施的人。若能書寫、受持此經，並為人讀誦、解說，其福德更是不可限量。為什麼會有如此巨大的差異呢？因為這部經蘊含不可思議、無量無邊的功德。一切諸佛及阿耨多羅三藐三菩提法，皆源於此經，而佛陀也只會對已經發下大願、立志證得無上佛法的大修行人，宣講此經。因此，那些能夠受持此經、深信不疑、真實修持，並樂於為他人讀誦解說的修行人，佛陀深知他們必將成就至高無上、無量無邊、不可思議的功德，因而有能力承擔弘揚佛法的事業。相比之下，那些只樂於自度的小乘修行者，由於缺乏度化他人的慈悲心，未能完全證得「無為法」，仍會執着四相，無心於這部強調自度度他的大乘經典，更不會為他人讀誦或解說。於是，大乘修行人無論身處何時何地，都能不住相地受持此經，並慷慨地為他人讀誦，廣作法施。他們所在之處，就如同有佛塔存在，一切天、人、阿修羅都應對其恭敬供養。

第十六分段 受持讀誦此經能消滅宿世罪業

「復次，須菩提！善男子、善女人受持、讀誦此經，若為人輕賤，是人先世罪業應墮惡道，以今世人輕賤故，先世罪業則為消滅，當得阿耨多羅三藐三菩提。

須菩提！我念過去無量阿僧祇劫，於然燈佛前，得值八百四千萬億那由他諸佛，悉皆供養承事，無空過者。若復有人，於後末世，能受持、讀誦此經，所得功德，於我所供養諸佛功德，百分不及一，千萬億分乃至算數、譬喻所不能及。

須菩提！若善男子、善女人於後末世，有受持、讀誦此經所得功德，我若具說者，或有人聞，心則狂亂，狐疑不信。

須菩提！當知是經義不可思議，果報亦不可思議。」

佛陀再次強調誦讀此經的不可思議好處。他指出，如

果有人因深信並弘揚此經，遭到他人的輕賤，這種表面看來雖然是負面的結果，實際上能幫助他消除以往累積的極重惡業。他累世累劫犯下惡業，本應墮入三惡道，但因為真心修持般若波羅蜜得到被人輕視這一果報，而得以消解，最終他也將得證菩提。這正好印證佛偈：「罪從心起將心懺，心若滅時罪亦亡」。在修持般若波羅蜜的過程中，達到了無善惡、無生滅的境界，一切皆空。

佛陀進一步以自己為例，講述在因地修行時，他曾供養無數諸佛，這是財施的體現。即使如此，他獲得的功德也無法與那些受持、誦讀此經的人相比。佛在因地供養諸佛的功德，相比之下顯得微乎其微，根本無法相提並論。

佛陀接着說道，如果將來有凡夫修行人能夠受持、誦讀此經，他們所獲得的功德之大，將超出一般人的想像，以至於人們只會感到驚恐害怕，難以接受。因為這部經的義理深奧難測，不可思議，它所帶來的果報也同樣令人難以置信。在此，佛陀再度提及善男子、善女人，意在引導須菩提應再次提出他最初所問的問題，以便進一步闡述此經的深遠意義。

第十七分段 須菩提的初問開啟下半部

爾時，須菩提白佛言：「世尊！善男子、善女人發阿耨多羅三藐三菩提心，云何應住？云何降伏其心？」

佛告須菩提：「善男子、善女人發阿耨多羅三藐三菩提者，當生如是心：『我應滅度一切眾生。滅度一切眾生已，而無有一眾生實滅度者。』何以故？

須菩提！若菩薩有我相、人相、眾生相、壽者相，則非菩薩。所以者何？須菩提！實無有法發阿耨多羅三藐三菩提者。

須菩提！於意云何？如來於然燈佛所，有法得阿耨多羅三藐三菩提不？」

「不也，世尊！如我解佛所說義，佛 於然燈佛所，無有法得阿耨多羅三藐三菩提。」

佛言：「如是，如是！須菩提！實無有法，如來得阿耨多羅三藐三菩提。

須菩提！若有法，如來得阿耨多羅三藐三菩提者，然燈佛則不與我受記：『汝於來世當得作佛，號釋迦牟尼。』以實無有法得阿耨多羅三藐三菩提，是故然燈佛與我受記，作是言：『汝於來世當得作佛，號釋迦牟尼。』何以故？如來者，即諸法如義。若有人言『如來得阿耨多羅三藐三菩提』，

須菩提！實無有法，佛得阿耨多羅三藐三菩提。

須菩提！如來所得阿耨多羅三藐三菩提，於是中無實無虛，是故如來說：『一切法皆是佛法。』

須菩提！所言一切法者，即非一切法，是故名

一切法。

須菩提！譬如人身長大。」

須菩提言：「世尊！如來說人身長大，則為非大身，是名大身。」

「須菩提！菩薩亦如是，若作是言『我當滅度無量眾生』，則不名菩薩。何以故？

須菩提！實無有法名為菩薩。是故，佛說：『一切法無我、無人、無眾生、無壽者。』

須菩提！若菩薩作是言『我當莊嚴佛土』，是不名菩薩。何以故？如來說莊嚴佛土者，即非莊嚴，是名莊嚴。

須菩提！若菩薩通達無我、法者，如來說名真是菩薩。」

須菩提最初已向佛陀提問，若善男子與善女人在發起成佛之心後，應如何安住及降伏其心。佛陀並未直接回應這一關於凡夫修道的疑問，是因為考慮到眾生根器各異，對成佛之道有着不同的領悟。因此，佛首先針對在場的一千二百五十名已得慧眼的大阿羅漢開示此經。

其實，佛陀未有忘記須菩提問題的初衷，故在總結上半部經時，特別指出善男子與善女人若修行法施及財施，前者所得的福德遠超後者，以此引導須菩提再次為那些發心修道的凡夫提出同樣的問題。於是，須菩提為了在場聽法的人天眾及所有未來發心修道的眾生再次提問。此時佛陀針對發心修道的凡夫作回應，鼓勵他們「當生如是心」，這與最初對阿羅漢的教導「應如是降伏其心」有所不同。對已證慧眼的大阿羅漢，佛陀鼓勵他們向已證法眼的菩薩學習，實踐經文教導降伏其心，而對於未證慧眼的凡夫，佛陀則着重鼓勵他們的發心，為他們種下菩提種子，將來依經文修行。

在這過程中，佛陀再次闡述並強調「無四相」（不執着於我相、人相、眾生相、壽者相）與「無法相」（不執着於任何法相）。在這樣的心態下，行菩薩道，度化眾生，不執着已度化任何眾生。這一切是發自本心的直覺行為，「不變隨緣」及「隨緣不變」。一般佛教徒往往執着所修的佛法，認為它是解脫的唯一途徑，但佛陀指出這是凡夫的盲點。他教導的只是改善生命的基本原則，眾生應根據這些原則探索適合自己的修行方法，放下累世所累積的陋習妄想，找回本自具有的清淨自在無染的真如本性。因此，沒有一成不變的佛法，佛的一切開示均可稱為佛法，但這些佛法被歸納為概念之後便成為假名，是不實在的，對它的理解因個人的感悟而異。但是，亦不要因為是假名就棄之不用，眾生仍可以透過假名得以感悟，踏上成佛之道。即經文所說:「所言一切法者，即非一切法，是故名一切法。」

佛陀以菩薩的修行心態進一步說明以上的論點。佛先問須菩提，佛在因地菩薩時，從燃燈佛處學到修行成佛的方法嗎？這時的須菩提明白佛陀是在重複他的教導，於是直接回答，如來在燃燈佛處，沒有學到任何成佛之法。佛陀立即說如是如是，第一個如是是認同須菩提的回覆，另一個如是是讚他已契入佛心。佛順應這一回覆強調燃燈佛就是知道他已證「無四相」及「無法相」，所以為他授記為未來的釋迦牟尼佛。這是因為佛的法身清淨無染，不執着任何法，卻能順應一切法廣度眾生，即「不變隨緣」，「隨緣不變」，這便是「諸法如義」，也是「無實無虛」。即是一切所謂佛法都不是真實的（「無實」），但透過這假名的佛法可以得證菩提，所以亦是（「無虛」）。

佛陀再指出，如來的法身悲智圓滿，超越一切邊際，可稱為大身，而凡夫的身體及其修證，無論多大、多深，都不稱為大身。但他也指出，不應執着大身為實，它也是空，是假名，是「無實無虛」的。佛陀還指出，若菩薩執着有滅度眾生的念頭，或執着建立殊勝莊嚴的佛土，便不是真正的菩薩。眾生應明白，為了修行而建立殊勝莊嚴的佛土，是虛幻不實的，是空的；但透過這假名改善自己、自度度他、悲智雙運，才是莊嚴佛土。更重要的是，眾生要理解，沒有實質的方法成就菩薩，一切都是「空有不二」的。唯有證「無四相」及「無法相」的修行人，才是真正的菩薩。

第十八分段 佛陀悉知凡夫的妄心

「須菩提！於意云何？如來有肉眼不？」

「如是，世尊！如來有肉眼。」

「須菩提！於意云何？如來有天眼不？」

「如是，世尊！如來有天眼。」

「須菩提！於意云何？如來有慧眼不？」

「如是，世尊！如來有慧眼。」

「須菩提！於意云何？如來有法眼不？」

「如是，世尊！如來有法眼。」

「須菩提！於意云何？如來有佛眼不？」

「如是，世尊！如來有佛眼。」

「須菩提！於意云何？恒河中所有沙，佛說是沙不？」

「如是，世尊！如來說是沙。」

「須菩提！於意云何？如一恒河中所有沙，有如是沙等恒河，是諸恒河所有沙數佛世界，如是寧為多不？」

「甚多，世尊！」

佛告須菩提：「爾所國土中，所有眾生若干種心，如來悉知。何以故？如來說諸心，皆為非心，是名為心。所以者何？

須菩提！過去心不可得，現在心不可得，未來心不可得。」

佛陀在第十七分段重複經文的兩大重點：「無四相」及「無法相」，但也明白一般凡夫不容易掌握經文的核心義理。正如《無量義經》所說：「是故初說、中說、今說，文辭是一，而義差異。義異故，眾生解異，解異故，得法，得果，得道亦異。」所以佛陀安慰凡夫不用擔心，他指出佛完全具備人的肉眼、天人的天眼、阿羅漢的慧眼、菩薩摩訶薩的法眼、及佛的佛眼，因此他完全明白只有肉眼及天眼的人天眾生很難解讀此經。因為人天眾生的心還未達到如如不動的境界，所以每個人天眾生都有他們各自不同的妄心。佛陀用沙譬喻眾生的妄心，猶如每一粒恒河的沙代表一條恒河的數目，而全數恒河的沙多到不可計數，所以眾生妄心的數量多到無法計算。由於妄心不是清靜無染的真心，無論是過去、現在、或將來，都是變幻無常而不真實的，人天眾生不會立刻領悟此經所教「無四相」及「無法相」的般若實相。儘管如此，佛陀鼓勵他們要發心，以菩薩摩訶薩的成就為榜樣，努力修行，最終得成佛果。

第十九分段 有相布施享世間福德

「須菩提！於意云何？若有人滿三千大千世界七寶以用布施，是人以是因緣得福多不？」

「如是，世尊！此人以是因緣得福甚多。」

「須菩提！若福德有實，如來不說得福德多。以福德無故，如來說得福德多。」

在此，佛陀重申如果有人用充滿三千大千世界那麼多的七寶來布施，從因果的角度來看，將會獲得巨大福德。然而，如果布施時執着相，那麼所得的福德將是有限的。反之，如果不執着相而進行布施，那麼他所獲得的福德，即福德的本質（即福德性或功德），將是無量的。

第二十分段 不應以具足諸相得見如來

「須菩提！於意云何？佛可以具足色身見不？」

「不也，世尊！如來不應以具足色身見。何以故？如來說具足色身，即非具足色身，是名具足色身。」

「須菩提！於意云何？如來可以具足諸相見不？」

「不也，世尊！如來不應以具足諸相見。何以故？如來說諸相具足，即非具足，是名諸相具足。」

佛陀詢問須菩提，是否可以通過殊勝莊嚴具足的色身（即化身及報身）見到如來？須菩提回答說，不可以，因為殊勝莊嚴的色身並非法身，它只是假名，但我們可以通過色身感悟法身佛。佛陀接着又問須菩提，是否可以通過殊勝莊嚴具足的所有相，比如化身佛以悲智雙運廣度眾生的形象，見到如來？須菩提尊者同樣回答說，不可以，因為一切諸相都是假名，但我們可以通過這些假名感悟和認識法身佛。

第二十一分段 從假名來領悟實相般若

「須菩提！汝勿謂如來作是念，『我當有所說法』。莫作是念，何以故？若人言『如來有所說法』，即為謗佛，不能解我所說故。

須菩提！說法者，無法可說，是名說法。」

爾時，慧命須菩提白佛言：「世尊！頗有眾生於未來世，聞說是法生信心不？」

佛言：「須菩提！彼非眾生，非不眾生。何以故？

須菩提！眾生、眾生者，如來說非眾生，是名眾生。」

此段主要討論如來是否有說法以及是否有法可得的問題。佛陀在這裏告訴須菩提，不要認為如來有「我當有所說法」的念頭，因為真正的法超越言語和概念。佛陀在闡述完「無四相」之後，再次強調「無法相」。在接下來的三個分段（21、22、23 分段），佛陀層層深入地講解「無法相」。首先，佛陀指出，如果有人聲稱如來說有固定的法，就是在誹謗，他們沒有真正理解如來開示。因為一切法無自性，如來所說之法也是因緣和合，不可執着。如來從未說過任何固定的法，因為如來的一切開示都是根據不同眾生的根器隨緣而說，所有開示都是假名，但眾生可以通過假名體悟其中的實相般若。

當佛陀講述不要執着如來的開示，但也要明白從開示中可以體悟如來的智慧之後，須菩提便明白佛意。他問佛，在未來世，是否會有眾生聽聞如來的開示生起信心，得以開悟呢？佛陀回答，所謂的眾生，其實都具有如來的本性。即「心佛及眾生，是三無差別」，因此不能說他們是眾生。然而，由於他們的心迷失於外境，所以也不能說他們不是眾生。眾生只是一個假名，他們可以通過修行，從迷轉悟。

第二十二分段 佛沒有得到任何成佛的法

須菩提白佛言：「世尊！佛得阿耨多羅三藐三菩提，為無所得耶？」

「如是，如是！須菩提！我於阿耨多羅三藐三菩提乃至無有少法可得，是名阿耨多羅三藐三菩提。」

佛陀進一步指出，如來是沒有得到成就無上正等正覺的法，因為有得失之心，就是偏離自性的虛妄心，遠離得失的心，所得任何的法都可以稱之為無上正等正覺。

第二十三分段 是法平等，無有高下

「復次，須菩提！是法平等，無有高下，是名阿耨多羅三藐三菩提。以無我、無人、無眾生、無壽者，修一切善法，則得阿耨多羅三藐三菩提。

須菩提！所言善法者，如來說非善法，是名善法。」

佛陀進一步解釋說，儘管無上正等正覺給人一種至高無上的感覺，但眾生在本質上是平等的，都具備如來的本性。他們所修的佛法，都是菩提之法，是平等沒有差別的。如果眾生能以「無四相」之心，也就是以沒有我、你、他以及眾生的無差別心態去看待，在不同空間、不同時間，一切人事物以及所修的法，這些都會成為善法，自然也能獲得所謂的無上正等正覺的成佛之法。佛陀再次強調佛法的「空」、「假」、「中」的意義，他告訴眾生，一切善法本質上都是空的，只是一個假名而已。但也不能因此放棄修行，只要深入體悟，必定會有所成就。

第二十四分段 再比較財施與法施

「須菩提！若三千大千世界中所有諸須彌山王，如是等七寶聚，有人持用布施。若人以此《般若波羅蜜經》，乃至四句偈等，受持、讀誦、為他人說，於前福德百分不及一，百千萬億分，乃至算數、譬喻所不能及。」

佛陀再進一步對比「財施」與「法施」。假設有人用多得難以想像的珍貴七寶進行布施，而另有人能接受、學習、誦讀、以至弘揚整部《般若波羅蜜經》或僅其中的部分，那前者所獲的福德根本無法與後者相提並論，兩者差距之大，絕非任何數字所能表達的。

第二十五分段 凡夫具有如來本性 可轉迷成悟

「須菩提！於意云何？汝等勿謂如來作是念：『我當度眾生。』

須菩提！莫作是念。何以故？實無有眾生如來度者，若有眾生如來度者，如來則有我、人、眾生、壽者。

須菩提！如來說有我者，則非有我，而凡夫之人以為有我。

須菩提！凡夫者，如來說則非凡夫。」

佛陀在以後各段的講述中，均強調眾生因執着「四相」與「法相」，不能真正修行「無為法」以達至開悟。直至最後的第三十二段部分，佛陀要眾生認識到，所有「有為法」都如同夢幻泡影，如露亦如電，唯有如實觀照，方能進入「無為法」的境界，從而獲得解脫。在這個過程中，佛陀通過與須菩提的互動開導眾生。佛陀告訴須菩提，眾生常誤以為佛有度化眾生的心，才會去廣度眾生。實際上，須菩提應明白，當如來度化眾生時，並無如來度眾生或有眾生被如來度的念頭。因為如果如來有這樣的念頭，就會執着我、人、眾生、壽者這四相。此外，佛陀在開示時常說「我」，僅是為了方便教學的「假我」，如來本身已不執着這四相。然而，凡夫俗子一聽到如來說「我」，就誤以為「我」是真實的存在。在如來眼中，眾生所謂的凡夫也只是一個假名，如來深知一切眾生都具備如來的本性，只是因為累生累世的執着和迷惑才被稱為凡夫。但凡夫可以通過修行，轉變迷惑，成就覺悟。

第二十六分段 須菩提從凡夫的角度，認為可以三十二相得見如來

「須菩提！於意云何？可以三十二相觀如來不？」

須菩提言：「如是，如是！以三十二相觀如來。」

佛言：「須菩提！若以三十二相觀如來者，轉輪聖王則是如來。」

須菩提白佛言：「世尊！如我解佛所說義，不應以三十二相觀如來。」

爾時，世尊而說偈言：「若以色見我，以音聲求我，是人行邪道，不能見如來。」

佛陀深知眾生執着一切表象，於是再次詢問須菩提，特別指出是否可以通過莊嚴殊勝的三十二相觀照如來。擁有慧眼的須菩提自然明白，不能僅憑三十二相觀照如來（參考本章，第十三分段，第 80 頁）。但須菩提深知佛陀的用意是通過他揭示眾生的愚昧，所以他站在人天乘眾生的角度回答這個問題，認為可以從報身佛的三十二相認識如來。如來立刻抓住機會糾正這個錯誤，他說轉輪聖王也有三十二相，但不能因此就說轉輪聖王是如來。須菩提隨即說他明白了，確實不應以三十二相觀照如來。這段對話的重點在於揭示出一般凡夫的愚昧。

佛陀接着指出，凡夫總是執着外界的一切為實，以為可以通過如來的莊嚴色身或微妙聲音見到佛，這些都是眾生的愚昧追求，已經偏離正道，走上邪路，因此永遠無法認識到如來的無生滅自性真心。

然而，從字面上看，「以音聲求我，是人行邪道，不能見如來」這句話，似乎與我們所了解的佛法有所矛盾。因為《觀世音菩薩普門品》中明確提到，「一心稱觀世音菩薩名號，是菩薩能以無畏施於眾生，幫助眾生離苦得解脫」；《無量壽經》的第十八大願也說，「設我得佛，十方眾生，至心信樂，欲生我國，乃至十念。若不生者，不取正覺」；而《地藏菩薩本願經》也多次指出，聞地藏菩薩名號或合掌、讚歎、作禮、戀慕者，都能超越罪業。

但在我看來，這並沒有矛盾。佛陀說法，言辭雖一，但不同根器的眾生會有不同的理解（參考第一章，四(三)，第 40 頁）。我認為，《金剛經》的主旨在於教導般若智慧，主要針對的是已得慧眼的大阿羅漢及發菩提心的有緣眾生，幫助他們找回本自具足的真如本性。如來的外表，如色身、音聲等，並非如來的法身或本性，但通過這些不同的表象，可以體悟本自具足的真如本性，猶如「手指指月」，佛的一切外相都是手指，而非月亮或如來的本性。然而，通過手指的指引，我們可以找到月亮，所以我們應該這樣理解經文中的「若以色見我，以音聲求我，是人行邪道，不能見如來」。

諸菩薩摩訶薩具有無量大悲心，他們均以「後四波羅蜜」的「方便、願、力、智」度化眾生（參考第四章，三(七)，第 149 頁），他們均以方便為手段，例如誠心念佛菩薩名號，心誠則靈，必能得到加持，離苦得樂，獲得解脫。而《金剛經》是講最高層次的般若智慧，所以對經文的認識也應從這個角度理解。

第二十七分段 既不執具足相 亦不說斷滅相

「須菩提！汝若作是念：『如來不以具足相故，得阿耨多羅三藐三菩提。』

須菩提！莫作是念：『如來不以具足相故，得阿耨多羅三藐三菩提。』

須菩提！汝若作是念：『發阿耨多羅三藐三菩提者，說諸法斷滅相。』莫作是念。何以故？發阿耨多羅三藐三菩提心者，於法不說斷滅相。」

佛陀談論「無四相」，「無法相」，並在之前的講述中明確指出：「若以色見我，以音聲求我，是人行邪道，不能見如來。」佛陀也擔心那些沒有慧眼的人天眾會誤解「離一切相得見如來」的含義，誤以為不需要具備各種相就能證得阿耨多羅三藐三菩提。例如，他們可能會認為無需修六波羅蜜，無須積累無量無邊的功德，也不必展現殊勝莊嚴的外相，例如三十二相，就能修成正果。佛陀強調，這是一種錯誤的理解。佛是悲智雙運的最圓滿者，如果不通過累積功德展現圓滿的外相，無法成就菩提道。關鍵在於，一切外相，包括三十二相，都是空的，都是假名。但同樣重要的是，不能執着於空，即要理解「空空」的概念。

要能究竟領悟空理，必須成就三空：「人空」（即不執四相）、「法空」、「空空」。其中，「空空」是不執斷滅相，從而成就「空、假、中」這一重要的佛教思想。因此，佛陀說，那些發願證得阿耨多羅三藐三菩提的人，他們在法的理解上，不應談論斷滅的表面現象。

第二十八分段 菩薩以無相布施，不貪着福德

「須菩提！若菩薩以滿恒河沙等世界七寶持用布施。若復有人知一切法無我，得成於忍，此菩薩勝前菩薩所得功德。

須菩提！以諸菩薩不受福德故。」

須菩提白佛言：「世尊！云何菩薩不受福德？」

「須菩提！菩薩所作福德，不應貪著，是故說不受福德。」

經中繼續分析人天眾生的愚昧。佛陀指出，人天眾生往往會貪戀布施所得的福德，假如有一位菩薩用無法計量的七寶進行布施，他所獲得的福德雖然非常大，但仍然是有限的，因為他執着布施所得的福德。另一位菩薩同樣用無法計量的七寶進行布施，但他領悟「無法相」的道理，能夠安住於「無相」的境界進行布施，不追求任何福德。然而，他所得到的是福德本性（即功德），遠遠超越前者所得。須菩提其實是從人天眾生的角度出發，向佛陀詢問，為何菩薩不接受布施的福德反而能獲得更大的功德？佛陀解釋道，這是因為菩薩以「無相」之心行布施，不貪着得到多少福德，只是隨緣幫助眾生離苦得樂，但功不唐捐，最終仍會獲得更為優越的功德——福德性。

第二十九分段 如來是常處空寂，隨緣出現，度化眾生

「須菩提！若有人言『如來若來若去、若坐若臥』，是人不解我所說義。何以故？如來者，無所從來，亦無所去，故名如來。」

佛陀告訴須菩提，如果有人天眾生認為如來擁有肉身，自然有來有去，有坐有臥，那麼佛說這些人是不明白

「如來」的真正含義。佛陀糾正這一錯誤的理解，指出如來具足法身、報身、化身三身。法身如來是無相的，是真如本性，是清淨無染、不生不滅、不來不去的諸法實相，即一切法的究竟真理。報身如來是有相的，是佛修行功德圓滿的顯現，唯聖者能見。化身如來是有相的，是隨順因緣，應機示現度化眾生，雖呈現來去之相，但從未偏離法身如來，故實無來去可得。正如經文所說：「如來者，無所從來，亦無所去，故名如來。」。

第三十分段 凡夫執一合相的世界

「須菩提！若善男子、善女人，以三千大千世界碎為微塵，於意云何？是微塵眾寧為多不？」

「甚多，世尊！何以故？若是微塵眾實有者，佛則不說是微塵眾。所以者何？佛說微塵眾，則非微塵眾，是名微塵眾。

世尊！如來所說三千大千世界，則非世界，是名世界。何以故？若世界實有者，則是一合相。如來說一合相，則非一合相，是名一合相。」

「須菩提！一合相者，則是不可說，但凡夫之人貪著其事。」

佛陀進一步指出，人天眾生的煩惱和妄心特別多，但煩惱本身是菩提的另一種體現。在佛經的第十三分段，我對「三千大千世界碎為微塵」的理解，以微塵譬喻為人天眾生的煩惱和妄心，多到無法計量（參考第四章，二（十四）1，第141頁）。《華嚴經》中說「心佛及眾生，是三無差別」，因為所有凡夫都具備如來的本性，只是因為迷失於外在環境，產生煩惱和妄心。這些煩惱和妄心並非真實存在，它們是空的，是假名，只要通過自我淨化心靈，就能從迷惑中轉向覺悟。因此，佛說「微塵眾」，即非真實的「微塵眾」，只是名為「微塵眾」。

《華嚴經》中說「一切唯心造」，每個凡夫的世界都是由其迷茫的心展現出來的影像。所以，三千大千世界的眾多迷茫之心也並非真實存在。每個凡夫只要能從迷惑中轉向覺悟，他的世界就能從娑婆（即苦難、充滿煩惱的世界）轉變為淨土。因此，說三千大千世界，其實並非真實的世界，只是名為世界。

佛陀告訴須菩提，也就是在告訴我們這些凡夫眾生，由因緣和合產生的煩惱構成了一個看似真實的世界（一合相的世界），但它並非真實存在。然而，凡夫們卻執着這個一合相世界，無法放下擺脫。

第三十一分段 佛陀再強調無四相及無法相

「須菩提！若人言『佛說我見、人見、眾生見、壽者見』，須菩提！於意云何？是人解我所說義不？」

「世尊！是人不解如來所說義。何以故？

世尊說我見、人見、眾生見、壽者見，即非我見、人見、眾生見、壽者見，是名我見、人見、眾生見、壽者見。」

「須菩提！發阿耨多羅三藐三菩提心者，於一切法，應如是知，如是見，如是信解，不生法相。

須菩提！所言法相者，如來說即非法相，是名法相。」

佛陀再次指出人天眾生的煩惱，主要在於他們將虛假當作真實，執着佛法的表面言辭和章句，不去尋求背後的深層意義。佛陀所領悟的真如實相，是無法用任何語言或文字完全準確表達的，一旦表達出來，難免會產生偏差。因此，佛陀常常採用譬喻或否定的方法，引導聽者思考、感悟真理。他經常用「不」、「非」、「無」這類否定的詞語表達事相，也常用對立的「有、無」方式，說明眾生領悟「無有、無無」這超越二元的道理。

在下半部經結束之前，佛陀問須菩提，如果有人天眾生說佛陀經常講「我見、人見、眾生見、壽者見」，他們是否真的明白如來講述這「四見」的深層含義呢？佛陀通過須菩提的回答教導眾生。須菩提直言，眾生並不會真正明白如來所講的「四見」的含義。因為佛陀開示的「四見」其實只是假名，是空，是無我見、無人見、無眾生見、無壽者見。人們應該放下「有、無」的執着，尋找中道的一實相。

佛陀認同須菩提的解釋，並進一步指出，發菩提心的人，對於一切法，都應該從「無四相，無法相」的角度感悟般若波羅蜜法。人們應當認真、如實地理解和相信這一點，不執着任何法相。即使佛陀有時會講述法相，但要明白，這些所謂的法相只是方便說法，是空的。然而，這種方便說法卻可以幫助人天眾生感悟般若智慧的「有無不二」。

第三十二分段 一切有為法 如夢幻泡影

「須菩提！若有人以滿無量阿僧祇世界七寶持用布施，若有善男子、善女人，發菩薩心者，持於此經乃至四句偈等，受持、讀誦、為人演說，其福勝彼。云何為人演說？不取於相，如如不動。何以故？一切有為法，如夢、幻、泡、影，如露亦如電，應作如是觀。」

佛說是經已，長老須菩提及諸比丘、比丘尼、優婆塞、優婆夷，一切世間，天、人、阿修羅，聞佛所說，皆大歡喜，信受奉行。

下半部經結束時，佛陀再次勸誡人天眾生，要勤勉地修行布施以積累福德。相比之下，無論用多少無量的七寶財物進行布施，其福德永遠無法與那些發起菩提心、誦讀以及為人宣講全部或部分《金剛般若波羅蜜經》的人天眾生所獲得的福德相比。因為後者不僅幫助聽者理解佛法，還能讓他們通過修學佛法獲得解脫。更重要的是，在為人宣講佛法時，內心不應執着自己在弘法，也不應執着有哪些眾生在聽法，而應以清淨無染的心隨緣說法，真正利益眾生。

佛陀深知，只擁有肉眼和天眼的人天眾生，尚未達到「無為法」的修為境界，因此他們在現階段還無法修般若波羅蜜法。但他鼓勵眾生要「當生如是心」（參考本章，第十七分段，第 93 頁），即在現階段，最重要的是勤勉修行「有為法」，提升自己的智慧，以便將來能進入「無為法」的境界。

佛陀最後總結修行「有為法」的重點：「一切有為法，如夢幻泡影，如露亦如電，應作如是觀。」人天凡夫往往執着「我相」及「法相」為實有，要真正明白我們的身心及一切外境都只是心中的影像，就如夢、幻、泡、影般的虛幻不實，或如露、電般的短暫。只要能如實明白並放下這些執着，智慧就會得到提升，從而進入「無為法」的境界，逐步從凡夫轉變為聖賢，修般若波羅蜜法。

佛陀分兩次講述同一部經，其實前半部是為已有慧眼的大羅漢而說，而下半部則是為只有肉眼或天眼的眾生而說。因此，講經結束後，所有在場的眾生，無論是大阿羅漢、人天眾生還是阿修羅等，都獲得極大裨益，他們相信佛陀所說的法，並依法修行。

·第四章·

詞語詮釋

一、經名：《金剛般若波羅蜜》

（一）般若

梵文音譯，意思是智慧，擁有能夠穿透現象洞察事物本質的能力。它超越主觀與客觀的二元對立，直觀緣起實相；這與凡夫的聰明機巧截然不同，後者目的是從事物的關係中獲取自我利益。

佛教將「般若」分為三個層次：

第一層次是「文字般若」，通常指的是佛教的經論，是引導眾生入門的橋樑，像渡河的木筏或指向月亮的手指，雖能為修行人指出方向，最終仍須捨離文字的執着。

第二層次是「觀照般若」，是通過深入思考經論及觀察身心以及一切現象，領悟本體實相。例如，《心經》中提到「行深般若波羅蜜多時，照見五蘊皆空」；修行人可透過四念處，如實觀察身心無常無我，破除對現象的執着，從而領悟般若智慧。

第三層次是「實相般若」，是諸法本具的空性，透過修行（例如經中所提及的無相布施）證得真如本性，即是能領悟一切事物與現象背後的空性。然而，般若是難以用語言文字表達，任何表達方式都存在局限和偏差，無法精確無誤地表述出空的真義。

（二）般若波羅蜜

波羅蜜（或稱波羅蜜多）的意思是到達彼岸，般若波羅蜜是透過智慧到達解脫自在的涅槃彼岸。

（三）《金剛般若波羅蜜》

《金剛經》是廣為流傳的佛經，歷史上，曾有六位翻譯大師將《金剛經》譯為漢文。其中包括鳩摩羅什、真諦、菩提流支的譯本名為《金剛般若波羅蜜經》，玄奘譯的是《能斷金剛般若波羅蜜多經》，達摩笈多譯的是《金剛能斷般若波羅蜜經》，而義淨譯的是《佛說能斷金剛般若波羅蜜多經》。

鳩摩羅什的翻譯傾向意譯且簡潔易明，適合漢人的閱讀習慣。他以金剛比喻般若的堅固與鋭利，能破除一切煩惱的執着。玄奘的翻譯則兼顧文義，但有時顯得複雜難懂，因此流通度不高（除《心經》外）。他以金剛象徵「分別之惑」，唯有憑藉般若的「無分別智」方能斷除。簡單來說，般若能破除如金剛般堅固的煩惱與執着。儘管兩者寓意迥異，經名均傳達同一核心思想：唯有般若智慧（無分別智）方能破除人的分別之惑（二元對立的煩惱）。

本書採用鳩摩羅什的譯本（附件），約於西元四世紀初譯出，是最早的版本。玄奘的譯本則晚至六世紀中葉才問世。值得注意的是，達摩笈多的譯本採用梵漢逐字對譯的方式，對不懂梵文文法的讀者來說實在難以閱讀，由於它與現存的梵文本極接近，因此具有很高的學術價值。

二、經文詞語

（一）第一分段

1. 如是我聞

佛經的第一句「如是我聞」中的「我」並非指佛陀本人，而是指阿難尊者（佛陀十大弟子中「多聞第一」的弟子，參考本章，三（一），第 145 頁），意思是經文中的內容是阿難親耳從佛陀那裏聽聞的。釋迦牟尼佛在世時並未親自撰寫經典，而是像孔子一樣「述而不作」，由弟子口口相傳。佛陀圓寂後，由大迦葉尊者召集五百位阿羅漢在王舍城舉行第一次結集（又稱五百結集或王舍城結集），由阿難尊者誦出經文，並經在場的五百位阿羅漢共同審定後成為經藏。因此，「如是我聞」極有可能是在此時被加在經文作為第一句，以此作為經典真實性和權威性的背書。

晉朝的道安法師在解讀佛經時，將其分為三個部分：序分、正宗分和流通分。序分從「如是我聞」開始，又稱為通

序或信證序，旨在表明經典的來源和真實性，而其後對法會背景的介紹則因每部經的具體情況而異，因此也稱為別序。正宗分是經文的核心部分，詳細闡述佛法的主旨和教義。流通分是全文總結的部分，點出經文的題目，畫龍點睛地概括經文的要義。常見的結經句子是「佛說是經已⋯⋯皆大歡喜，信受奉行」，正如本經的結尾所示。這種三分法提供清晰的框架結構說明讀者理解佛經的層次和深意。

2. 祇樹給孤獨園

祇樹給孤獨園，是須達多居士奉獻給佛陀的園林，他因樂善好施而被尊稱為給孤獨長者。按律藏所載，長者有幸從其大舅得知佛陀名號，覲見佛後內心生起清淨虔信（法眼淨），便四處物色合適的園林奉獻給佛陀作精舍。恰巧祇陀王子的園林十分恬靜宜人，距王舍城都邑不太遠亦不太近，他遂與王子洽商。王子本來不打算出售，卻無意中開出以黃金鋪地的天價。怎料長者一口應承，隨即用車運來黃金鋪在地上。載滿一車的黃金仍未能鋪滿全園，露出了屋旁周圍的小空地。正安排加運黃金之際，祇陀王子深受長者的慷慨虔誠感動，提議剩下空地的黃金由他供奉。長者回心一想：王子是眾所皆知的名人，享有崇高聲譽，讓他一起布施必定對弘法產生強大推動力，促進信眾的淨信，便立刻馬上應允。故此，園的名字合稱為祇樹給孤獨園。另有認為樹是由祇陀太子捐出而得此名，但律藏中無此記載。

（二）第二分段

1. 須菩提

須菩提是佛陀十大弟子之一，被譽為解空第一，因為他對空有深刻獨到的理解，他是當機者，代表法會眾生與佛陀對答闡述主題。其他譯者對須菩提有不同譯法，玄奘譯為善現、義淨譯為妙生等等。

2. 世尊

世尊代表佛陀的高超品德與能力，備受世間所尊崇。佛陀的稱號有十一個（如來、應供、正遍知、明行足、善逝、世間解、無上士、調御丈夫、天人師、佛、世尊），但一般將佛、世尊，合併通稱佛的十大名號。

3. 如來

如來是佛陀十大名號之一。如來具足法身、報身、化身三身。法身如來是無相的，是真如本性，是清淨無染、不生不滅、不來不去的諸法實相，即一切法的究竟真理。報身如來是有相的，是佛修行功德圓滿的顯現，唯聖者能見。化身如來是有相的，是隨順因緣，應機示現度化眾生，雖現色身來去（生滅）之相，但其體性從未偏離法身如來，故實無來去可得。正如經文所說：「如來者，無所從來，亦無所去，故名如來。」

4. 善男子、善女人

原意是出身自良好家庭的男士和女士，從佛教的角度是指有善根，依循佛法修行的男和女。

5. 阿耨多羅三藐三菩提

「阿耨多羅三藐三菩提」是梵文 (anuttara-samyak-sambodhi) 的音譯，「阿耨多羅」(anuttara) 的詞義是「無上的」，「三藐」(samyak) 的詞義是「正確的、全面的」，「三菩提」(sambodhi) 的詞義是「究竟的覺悟」。因此，亦意譯為「無上正等正覺」。指佛教中最高的覺悟境界，代表佛陀的圓滿智慧和對真如實相的徹悟。大乘佛教的修行者發菩提心、修六度、證悟空性才能得到成就。故此，它既是理論上的追求，亦是實踐修行的根本。

（三）第三分段

1. 菩薩摩訶薩

意思是菩薩大士，即大菩薩。通常是指初地以上的菩薩，亦有泛指一切發願自度度他的修行者。我們一般慣用前者的解釋。

2. 一切眾生之類

《金剛經》是用三種不同的方式來表達，而每一種都涵蓋其中的一切眾生。

(i)「卵生、胎生、濕生、化生」

統稱四生。卵生與胎生是我們平常所見到的生物；濕生是指經由潮濕腐爛滋生的生物，例如蛆蟲；而化生是指不由父母而是由業力直接化現的生物，如天界及地獄界眾生。四生涵蓋三界（欲界，色界，無色界）所有眾生。

(ii) 有色、無色

涵蓋有肉體和無肉體的所有眾生。

(iii) 有想、無想、非有想、非無想

涵蓋有心識思想與無想的所有眾生，但有想與無想的分割不是絕對清晰，中間有似有想但不是真的有想（非有想），或似無想但不是真的完全無想（非無想），例如非想非非想處天。

3. 涅槃

字面意思可理解為熄滅束縛。佛陀將它解作不躁動(即內心徹底平靜)。可分為三種：

(i) 有餘涅槃

例如小乘人在生時修成阿羅漢果的涅槃境界，雖已斷除煩惱，但仍被殘餘的肉體生命所束縛，繼續承受身心殘餘的苦果。

(ii) 無餘涅槃

已完全解脫生死輪迴，身心切底熄滅，不再有煩惱和業力的束縛。

(iii) 究竟涅槃

超越有餘及無餘涅槃的最高境界，不僅已斷除煩惱，既不住生死，亦不住涅槃，隨緣入世度化眾生。

4. 滅度

滅，含義是除煩惱和業力；度，是過渡生死苦海，到達解脱彼岸。是斷除貪、嗔、癡等煩惱，捨離束縛，超越生死輪迴。和涅槃可説是同樣的終極體驗，但涅槃強調個人內在的體驗，滅度則強調救度眾生。

5. 我相、人相、眾生相、壽者相

代表一切生命現象，最簡單的理解是：

我相：自己，對「自我」實體的執着；

人相:與自己有緣的眾生，對「自他」二元分別的執着;

眾生相：宇宙間（空間中）所有眾生，對生命現象的整體執着；

壽者相：過去、現在、未來（時間上）所有眾生，對時間與壽命的執着；

經文句子意思是，作為菩薩不應執着任何生命現象（包括自己），否則就不能成為菩薩。

（四）第四分段

1. 不住色布施，不住聲、香、味、觸、法布施

色、聲、香、味、觸、法（概念）是六境（或六塵），是相應於六根，眼、耳、鼻、舌、身、意（腦）的對象。句子意思是指，布施時不執着外相物（對象）。

（五）第五分段

1. 身相

即身體的外在形態。在這分段佛陀問須菩提能否通過身體的形相認識佛陀？須菩提的回答是，不能！「如來所說身相，即非身相。」因為身體只是物質形態，而我們應知道佛陀本質是其法義本身。故在《相應部．蘊集．跋迦梨經》，佛說：「見法者如見佛，見佛者如見法！」

2. 諸相非相

和剛才的「如來所說身相，即非身相」道理一樣，現在從身相廣延至一切現象（諸相）。兩者同屬辯證邏輯的句式，A 是非 A。相對而言，經典邏輯則強調：A 不是非 A。經典邏輯只能描述固定的、靜態的事物，無法描述變化無常的事物。辯證邏輯突破經典邏輯的局限，用以表示事物的不確定性。古希臘哲學家赫拉克利特有一名言：「人不可兩次涉足同一河流！」為什麼呢？因為河流是不斷變化的物體，它的地貌和水流時刻都在改變，這一秒的河流已和上一秒的不同了。可是，日常語言僅能指出物體的概念，而非物體本身。概念的含意必須保持固定不變，人們才能用來進行邏輯推理，否則如黃河變成了長江，意思就混淆不清，甚至無法進行推理和溝通。

在這分段最後一句「若見諸相非相，則見如來」的意思是，一切現象都不是固定存在的（因為是會變化的），不是真實的，若能領悟這點（無常的道理），即能見證佛陀所教。

這一句與經文最後一句偈「一切有為法，如夢幻泡影，如露亦如電，應作如是觀」的道理是一樣（參考本章，二(十五)2，第143頁）。

（六）第六分段

1. 無法相亦無非法相

這句義淨譯為：「無法相、無非法相、非相非無相。」也同樣是一種辯證句式：非A非非A。即是說，我們既然知道個體示現的現象（A）僅屬單邊的呈現，不是真實的全面（非A）。當然就不應對它（A）有所執着，而該採取捨離的態度（非A）；但也不應轉而執着這現象的對立面，對之也同樣要捨離（非非A）。

這種辯證句式在龍樹菩薩的中觀學派稱之為雙遣，而在恩格斯的《自然辯證法》中稱之為否定之否定。

2. 法如筏喻

這譬喻出自《中部．蛇喻經》，經中首先指出執取佛法的人不懂得分析理解其中深義，他們猶如捕蛇者，不懂得扼着蛇頸反而扼着了蛇尾，結果反被咬一口致死。他接着以木筏比喻佛法。有人以草和木作筏渡河，到達對岸後，他可能會想：木筏讓我安全抵岸，十分有用，今後我

將它戴在頭上，或扛在肩上繼續前行。或是他會想：既然這有用的木筏已幫助我安全渡河，那我將之沉入水中，或把它安放地上，然後繼續前行。

顯而易見，我們渡河時不能放棄木筏，但過了河則不應再執着木筏。反過來說，既然佛法也要捨棄，不合佛法的邪法就更要捨離棄絕了！

（七）第七分段

1. 不可取

意思是不可執取。執取有四種：欲取、見取、戒禁取、我語取，即是對欲望、身份認同、宗教形式、自我觀念的執取。

2. 不可說

佛教主張空、本體、真如、無為法⋯⋯是不可說的。因為語言邏輯的局限，一但用文字表示就會把它們的意思扭曲。

3. 非法、非非法

同樣是辯證句式（非 A 非非 A）（參考本章，二（六）1，第 130 頁）。

4. 賢聖

(i) 大乘修行者

大乘菩薩有五十二品位：十信、十住、十行、十迴向、十地、等覺、妙覺。

十住、十行、十迴向，可稱為賢位，逐步提升智慧與慈悲。十地及以上可稱為聖位，修行已接近或已到達佛的境界。等覺菩薩是一生補處菩薩，例如觀世音菩薩，而妙覺菩薩是佛。

(ii) 小乘修行者

小乘人有四果：須陀洹、斯陀含、阿那含、阿羅漢。

前三者可稱為賢位，逐漸斷除煩惱，但仍未完全解脫。阿羅漢可稱為聖位，已了脫生死，證入涅槃。

5. 無為法

在《大般若經》，善現（須菩提）問：「云何無為法？」佛告善現：「若法無生、無住、無異、無滅可得，所謂貪盡、瞋盡、癡盡、真如、法界、法性、法住、法定、不虛妄性、不變異性、離生性、平等性、實際。善現！此等名無為法。」《心經》中以「不生不滅，不垢不淨，不增不減」來概括。

簡單來說，無為法超越了人的有為造作，即是再沒有因果業報的清淨境界。

（八）第八分段

1. 三千大千世界

三千大千並不是指三千之數，而是指千的三次方，即十億。以須彌山為中心，包括四大洲（我們是生活在四大洲的南贍部洲）、日月星辰等，構成一個基本的世界單位，名為一個小世界。1,000 個小世界組成一個小千世界；1,000 個小千世界組成一個中千世界；1,000 個中千世界組成一個大千世界。這指數式增長層級有點像現代的宇宙學：太陽系、銀河系、星系團。每個三千大千世界都是獨立的宇宙體系，在《增支部．三集．80 經》中指出佛音廣傳的能力，能遍及整個三千大千世界。

2. 七寶

非常珍貴的七種世間寶物：金、銀、琉璃、玻璃、硨磲、赤珠、瑪瑙。象徵極其貴重的財施。

3. 是福德即非福德性，是故如來說福德多

句子意思是：福德的表相，並非福德的本性，所以佛陀才說福德（前者）的數量多少，可以衡量的表面分別。

4. 四句偈

偈，玄奘的音譯為「伽陀」，佛在世時說法常用的九種方式（或稱九分教，參考本章，三（二），第 145 頁）之一。偈和詩一樣，句子工整押韻，方便記憶，但用詞較直白，不似詩般婉約。通常是四句，用以總結前述經文內容的稱為應頌；也有較長篇章，或四句接四句地延伸下去；另有獨立於前文內容的表述，稱為偈頌。「傾偈」一詞，本來是指大家深入討論偈頌所蘊含的佛法，意義深遠，而非現時日常所指的閒聊搭訕。

在《金剛經》中，四句偈泛指經中所有字數公整的四句，而最為人所熟悉的是在最末的「一切有為法，如夢幻泡影，如露亦如電，應作如是觀。」

5. 所謂佛法者即非佛法

因為佛法也是變動不居，不可執着的，所以也用上辯證法句式 A 是非 A（參考本章，二（六）1，第 130 頁）。

（九）第九分段

1. 小乘四果

須陀洹是第一果位，或初果。意思是「入流」，玄奘本譯為「預流」，多被現代翻譯者採用。修行人不執着外在對象（色、聲、香、味、觸、法），證得初果後，會往返天界七次才得解脫。

斯陀含是第二果位，意思是「一來」，修行人的貪、嗔、癡減薄，證得二果後，還要再來往生天界一次。

阿那含是第三果位，意思是「不來」，證三果後往生天界不再回來，在那裏了脫生死。

阿羅漢是小乘的最高果位，意思是「殺賊」，即殺滅貪、嗔、癡以達至涅槃。另外也包含其他意思如，無學，即最高果位不需要再參學;不生，已了脫生死，不再受生;應供，是小乘的最高果位，應受供養。

2. 無諍三昧

無諍，是無語言邏輯的對立；三昧是專注的安定狀態。通過般若智慧達到的禪定境界，內心平靜安穩，無分別、無執着，表現為無爭執、無對立、無戲論。即如《大智度論》的第一義釋檀——語言道斷，心行處滅，遍無所依，不示諸法。

3. 阿蘭那行者

阿蘭那行是無諍的音譯，意為寂靜處，玄奘和義淨均譯為「無諍住」，即隱居在寂靜處，遠離世俗，專注禪修，追求解脫，或指心已達到無諍三昧的修行人。

（十）第十分段

1. 燃燈佛

又作定光如來、錠光如來、普光如來、燈光如來。《小部·本生經·遠因緣譚》記載了釋迦牟尼和燃燈佛的因緣。距今四阿僧祇十萬劫之前，有一位善慧婆羅門出生於一座名為「不死之城」中。他為了虔誠供養，不惜將自己的頭髮鋪在泥路上，讓燃燈佛走過。目睹佛的相好莊嚴，善慧感到他也應成為最上之覺者，載眾人於法船，救脫輪迴之海，然後自己才入大涅槃，遂臥地上發願成佛。燃燈佛知道他的意願，即為他授記，預言他將來成為「瞿曇佛」（釋迦牟尼在家名字為悉達多·瞿曇），即今人類歷史所載的佛陀。

2. 應無所住而生其心

經文這句意思，等同「不變隨緣，隨緣不變」（參考本章，三（四），第 148 頁）。

3. 須彌山王

須彌山原為古代印度教神話，後來被佛教採用，代表三千大世界的核心，位於「小世界」的中央，周圍環繞著四大部洲——東勝神洲、南贍部洲（人類所居住之處）、西牛賀洲、北俱盧洲。據說，山王是中心，山頂為忉利天，是帝釋天的居所，統領三十三天，而山腰則居住着四大天王，分別守護四個方向。山王的週邊有七大山被七重香水海所隔，再週邊是咸水海，日月星辰繞山運行。

(十一) 第十三分段

1. 微塵與世界

參考本章，二（十四）1，第 141 頁。

2. 三十二相

佛（覺悟者）和轉輪聖王（統一全印度的皇帝）具足的三十二種身體特徵[1]，彙集了印度當時推崇的高尚品德，

1 按長部《三十二相經》中所載佛的三十二相：（一）足平實安立、（二）足下二輪、（三）長指、（四）足跟廣平、（五）手足指縵網、（六）手足柔軟、（七）足趺高滿、（八）脛如伊泥延鹿、（九）垂手過膝、（十）馬陰藏、（十一）身廣長等、（十二）毛上向、（十三）一孔一毛生、（十四）金色、（十五）大光、（十六）細薄皮、（十七）七處隆滿、（十八）兩腋下隆滿、（十九）上身如獅子、（廿）大直身、（廿一）肩圓好、（廿二）四十齒、（廿三）齒齊、（廿四）牙白、（廿五）獅子頰、（廿六）最上味覺、（廿七）廣長舌、（廿八）梵聲、（廿九）眼紺碧、（卅）牛眼睫、（卅一）眉間白毫、（卅二）頂上肉髻。

以身體的形態來象徵。例如，在佛像所見最具特徵的頂上肉髻，是因為過往生曾布施、持戒、敬愛父母及同族長老、虔敬沙門婆羅門（泛指宗教人士）等等；又如廣長舌和梵聲二相是因為不說粗惡語，言語無過失、動聽、悅心、可愛、高雅，為眾人所歡喜等等。

有德者廣種善因，由於累積的功德極大，所以再投生人間時，身上便會出現相應的名種大人相。

（十二）第十四分段

1. 實相

原意是表面現象背後的現實真相。《金剛經》：「是實相者，即是非相，是故如來說名實相」，是以正反合的模式演繹「空」，是超越現象與空性二元對立的究竟真實，無法用語言或邏輯完全描述，須通過般若智慧體悟。

2. 如來是真語者、實語者、如語者、不誑語者、不異語者

是佛陀說話的五種特質，彰顯佛法真實可靠，眾生若能透徹理解可獲智慧。真語，契合真理無虛假；實語，符合現實需要，能利益眾生；如語，如實反映事物本貌；不誑語，真誠不欺，不弄虛作假；不異語，語言純潔，不存在別有動機（異語，梵文 anyathā，意思包含：以不同方

式、不準確、別有動機）。

3. 此法無實無虛

如來所證悟的法是空、無相的，故此是「無實」，人們可以借用這假名的法，不捨修行亦不捨眾生，悲智雙運，這便是真實不虛的「無虛」。

（十三）第二十八分段

1. 得成於忍

字面意思是透過修忍辱波羅蜜，成就佛道。相關經文，在玄奘譯本中較詳盡：「若有菩薩於諸無我、無生法中，獲得堪忍」。按此可理解為「無生法忍」。「忍」是安住真理不動搖，不僅是忍受外境，更是智慧與定力的體現。

從修行角度，要同時擁有兩種忍：「生忍」與「法忍」。「生忍」是受到他人或外在環境對肉體帶來侵害時，心保持清淨、安穩，不起嗔心。主要是以慈悲心修「生忍」。「法忍」是精神上，受到他人或外在法塵的干擾，例如語言、文字等的侮辱與傷害時，不起憎恨、不起回懟的心。主要是以智慧修「法忍」。

世親菩薩將忍分為三類：「耐怨害忍」，即由他人所發動的怨憎責打亦能忍受；「安受苦忍」，即為疾病、天災等自然力量所逼亦能忍受；「諦察法忍」又稱為「觀察法忍」，即能觀察諸法不生不滅之真理，心無妄動。所以首兩忍可歸納為「生忍」，後者為「法忍」。

「得成於忍」主要是能超越能忍（主體）和所忍（對象）的分別，真正體會「無四相」及「無法相」，明白一切皆空，成就「無生法忍」。

（十四）第三十分段

1. 微塵、世界、一合相

經文中的「世界碎為微塵」，一般的理解是世界一切事物都可以分解至最小的物理單元（即微塵）。這些單元 / 微塵構建身體、萬物、山河大地、日月星辰、整個宇宙，即所謂一合相。微塵既是世界最基本的單元，亦是一切事物的本質。這正吻合理論物理學上的「弦論」，認為一切事物的基本單元是「弦」，可以由它推論出一切事物的底蘊。

但佛教超越上述的理解。微塵雖然是最小的單元，數量亦很多，但絕對不是事物的本質。微塵的本質是空，無自性，因此我們不要執着微塵眾的多少或執着微塵是萬物的基本單元，即經文所說「則非微塵眾」，亦不要執着由微塵組成的真實世界一合相。一合相只是因緣的凝聚物，本質也是空的，即經文所說「則非一合相」。一切都是隨順世俗層面而安立的假名，為能幫助眾生對宇宙世界產生認知，即經文所說「是名微塵眾」及「是名一合相」。雖然表面上一合相包含很多微塵，很多微塵組合成一合相，但從佛教角度，不要執着「一或多」的兩邊，即不要執着

「統一或分散」，要明白「一，多」不二的中道。

解讀經文，我傾向先對某本經典作一個整體的體會，如果感覺某句經文的表面意思與經文的整體體會不太融洽，便要從不同角度思考和理解那句經文。正如經文說「如來所說法，皆不可取，不可說，非法非非法。」佛常用譬喻，或從否定角度解釋佛法，鼓勵眾生去思考去觀照（參考自序）。

本書認同眾生的煩惱與妄心就如微塵那麼多，那麼漂浮不定，所以我認為這部經用微塵譬喻煩惱與妄心（經文第十三及三十分段）。尤其是在第三十分段，已接近對人天眾講解這部經的尾聲，用微塵代表凡夫的煩惱與妄心，更容易融入下半部經文的核心思想——佛陀指出在現階段，凡夫不適宜修無為法，在第三十二分段結經時，鼓勵凡夫先學習積極放下煩惱與妄心，完全領悟有為法如夢幻泡影，如露亦如電，纔有機會進修無為法。《維摩經》說「心淨則佛土淨」，我們生活的世界是淨土還是穢土，取決於眾生的心。《楞嚴經》提到「由心生故，種種法生；由法生故，種種心生。」故可以說，充滿煩惱與妄心的世界是穢土，已斷除煩惱與妄心的世界是淨土。所以說「如來所說三千大千世界，則非世界，是名世界」。

(十五) 第三十二分段

1. 有為法

有目的性的意志活動，滿足生命所需。一切現象及造作都是因緣條件和合而生，因緣條件分散而滅，具有無常、無我等生滅變化現象。人生必經生、老、病、死的歷程。只有修行進入無為法（參考本章，二（七）5，第 133 頁），才能了脫生死。

2. 一切有為法，如夢幻泡影、如露亦如電，應作如是觀

一般凡夫，以有為法的模式生活，認為世間一切現象，包括自我本身，都是真實的，眾生不停追求得到欲望的滿足，最終難逃輪迴的厄運。

如果眾生明白，一切有為法所展現的現象，都是眾生心中所展現的影像，不是真實的，如夢、幻、泡、影般的虛幻不實，或如露、電般的短暫，便較容易放下對這些現象及事物的執着，較能客觀看到事物的真相，從而進入修無為法，最終得到解脫。

眾生透過六根（眼、耳、鼻、舌、身、意）認識外在的六境（色、聲、香、味、觸、法），構成六識，對外境的認知，執以為實。現在嘗試幫助大家明白，一切的認知都不是真實的。

首先幫助大家理解眼根接觸色界，產生的認知。例如我們看到一棵樹，其實不是看到樹的本身，而是經樹反射過來的光粒子，經過眼球的視網膜，轉化成電子，投射到大腦皮層的視覺區，再流經大腦神經元形成神經網路。樹的影像其實只是神經網路的反射，是經過個人改造後的影像投射，所以每個人所看到同一棵樹，都不是一樣的。究竟真實的樹是怎樣，無法知道。可以說「所謂樹木，即非樹木，是名樹木。」

現在看看耳根接觸聲音的認知。每個人對聲音的認知或感受是很主觀的，聽到同一首歌曲，每個人的感受，肯定不會一樣。就算同一個人，對同一句說話，在不同時間感受亦不會一樣。例如朋友說：「你的講話很好」，在心境開朗時，感覺是讚美，但在心境失意時，可能覺得是一種奚落。

至於其他的認知，例如鼻嗅到的氣味，舌頭嘗到的食物，身體觸到的外物，及意識感受到的外境，也是不同人有不同的感受。究竟真實是怎樣？根本沒有一個所謂的真實，一切都是個人心中的執着。

從科學層面而言，可以再進一步結合霍金的模型所依實在論[2]來看「有為法」。它指出人們所謂的「真實」，本質上是依賴腦中的模型，對科學家而言，那是數學模型。

---

2 Hawking, Stephen., and Mlodinow, Leonard. *The Grand Design*. London: Bantam Press, 2010. 書中 65 頁，以夸克為例子來論證：「夸克，也是我們所看不見的，是解釋原子核中質子和中子性質的模型。雖然說質子和中子是由夸克所組成，但我們永遠不會觀察到夸克，因為夸克之間的結合力隨着距離而增大，所以，自然界中不可能存在獨立的、自由的夸克。相反，它們總是三個一組（質子和中子）出現，或者在夸克和反夸克的配對中（π 介子），並且表現得他們好像被橡皮筋連結在一起。」

因此，真實與否取決於其觀察所得的資料是否符合模型的計算或推斷。簡言之，「真實」非單純依賴於物質粒子的客觀存在，也依賴腦中的主觀模型。由此可見，「有為法」的世界（觀念）並非客觀真實，而是如夢幻泡影，如露亦如電，只能為眾生提供短暫的滿足，時間一長久便會與環境的變化不協調，形成錯謬，對人造成束縛。

三、其他有關詞語

（一）十大弟子

舍利弗，智慧第一；二、目犍連，神通第一；三、摩訶迦葉，頭陀第一；四、阿那律，天眼第一；五、須菩提，解空第一；六、富樓那，說法第一；七、迦旃延，論義第一；八、優婆離，持律第一；九、羅睺羅，密行第一；十、阿難，多聞第一。

（二）九分教

佛說法常用九種方式，稱之為九分教。

1. 經，散文體經文；2. 應頌（或譯重頌），複述經文內容的偈頌；3. 解說，經文的解說或注釋；4. 偈頌，以偈頌陳述的獨立內容；5. 自說，佛陀有感而言無問自說的話；6. 如是語，以「世尊如是說」起語的經文；7. 本生，佛陀前生故事；8. 未曾有法，記述神通的經文；9. 方廣，教義問答體經文。大乘佛教興起後，體裁更加豐富，發展出十二分教：1. 經、2. 應頌、3. 受記、4. 偈頌、5. 自說、6. 因緣、7. 如是語、8. 本生、9. 方廣、10. 譬喻、11. 未曾有法、12. 論義。

（三）小乘與大乘

小乘，意為狹小的船載體，在佛經中通常指聲聞、緣覺的修行人。他們注重個人修行，提升智慧，尋求解脫，以證得阿羅漢或辟支佛果位。聲聞乘盛行於南傳地區如泰國、緬甸、斯里蘭卡等地區，由於小乘此詞帶有貶義，有學者改稱之為上座部，經律依據巴利語的記錄。核心教義是四聖諦、八正道、十二因緣、三十七菩提道品等，並沿用佛世時的戒律。

大乘，意為廣大的船載體，即可幫助更多人渡往彼岸，教義強調自度度他的菩薩道精神。核心教義以六波羅蜜為主，但亦修八正道等佛教的核心教義。配合悲智雙運，在未來成就佛果。約西元一世紀在右在印度興起，經典基本上依據梵文所載，後傳入漢地、西藏、韓國、日本等地，並在中國衍生不同宗派，如禪宗、密宗及淨土宗等。

（四）不變隨緣，隨緣不變

本書認為「不變隨緣，隨緣不變」是經文的核心思想，啟發讀者認識「如來」的真如本性。這本性是「不變隨緣」與「隨緣不變」的「大悲心」與「大智慧」的圓滿體現。

「不變」指法身如來如如不動，超越生滅來去。「隨緣」指依眾生因緣，示現種種相用，如報身如來及化身如來。

「不變隨緣」正是「大悲心」的體現。佛雖已證涅槃（不變），卻不捨眾生，隨順眾生的根機與因緣，示現種種身形（隨緣），利益眾生。如《法華經》云：「諸佛世尊，唯以一大事因緣故出現於世。」例如觀世音菩薩千處祈求千處應，都是「不變隨緣」的大悲顯現。

「隨緣不變」正是「大智慧」的體現。佛雖現種種身形度化眾生（隨緣），卻深知一切法無自性，不生不滅（不變），其體性始終清淨無染，如如不動。

這種對應關係不僅展現佛法的內在邏輯，也揭示修行者如何在實踐中平衡智慧與慈悲。

（五）人無我

大乘佛教認為小乘修行要破除對「自我」的虛妄認知而產生的執着，明白任何「個體」並無獨立、永恆、主宰的自性。以斷除貪嗔癡的煩惱根。在《金剛經》中反覆強調的「無四相」（無我相、無人相、無眾生相、無壽者相），破除四相可視為實踐「人無我」的具體方法，從個人生命的束縛中解脫出來。「人無我」是解脫的基礎，為阿羅漢所必證的，但大乘則更進一層，再修「法無我」（見以下（六）法無我）。

（六）法無我

「法無我」是在「人無我」的基礎上擴展到對一切現象與概念的執着，認知諸法無自性，達至所謂的雙遣中道。《金剛經》說：「如來所說法，皆不可取、不可說」，意思是修行者要破除法執，無法可執才能證得空性，達到應無所住而生其心的境界。從實修而言，修行者若能「離一切諸相」（四相及法相），則「即名諸佛」，得證究竟涅槃，既不住生死，亦不住涅槃，隨緣入世度化眾生。

（七）十波羅蜜

在六波羅蜜之上加入方便、願、力、智（後四波羅蜜），合稱十波羅蜜。即：（一）布施，可分作財施、無畏施、法施。（二）持戒，持戒不作惡。（三）忍辱，無論面對逆境或順境，均能保持心境平和穩定。（四）精進，已生惡法令除斷，未生惡法不令生，未生善法令生起，已生善法令增長。(五) 禪定,修習禪定,解除內心束縛。(六) 般若,能徹見真實智慧,如實認識事物的本質。(七) 方便,以種種間接方法,啟發他人領悟佛法。(八) 願,常持願心,並付諸實現。(九) 力,有能力判別真偽,克服障礙,摒除干擾,不斷邁向佛果。(十) 智,能了知一切法之智慧。

有說六波羅蜜之外另設後四波羅蜜之原因,是使方便波羅蜜成為布施、持戒、忍辱三波羅蜜之助伴;願波羅蜜為精進波羅蜜之助伴;力波羅蜜為禪定波羅蜜之助伴;智波羅蜜為般若波羅蜜之助伴。按《華嚴經》所述,若做到七地菩薩,便能於念念中常具足十波羅蜜。

(八) 空

在第三章,我們從經文「A,即非 A,是名 A」的正反合句式,引申出「空」的理解,亦借助龍樹的三是偈進行初步分析。《中觀論》的偈說:「因緣所生法,我說即是空,亦為是假名,亦是中道義。」這偈中含有三個「是」,故得名「三是偈」。這裏對偈的內容作更詳細解讀,希望有助深入了解經文蘊含的空理。

第一句「因緣所生法」,是指《阿含經》所說的「此有故彼有,此無故彼無;此生故彼生,此滅故彼滅」。意思就是,現象並非獨立存在,而是和其他現象並存於空間(有無)和時間(生滅)的關係中,它們互相影響。萬物

皆相互依存，故為「無我」，它們與眾多關係交織而不斷變化，故為「無常」。

第二句「我說即是空」，指的是「彼」與「此」之間的極端情況，例如黑白、有無、生滅、善惡等等呈現的二元對立，它們最易被人察覺。這種二元對立是相對存在的，更高的體會是明白這二元是互相依存，更能放下對任何一邊的執着。龍樹稱之為「空」。這種相對性可通過「A、非 A」的句式表達（參考第五章，一，第 161 頁）。可是，一般人經常受到邏輯思維（A 不等於非 A）的影響，難以理解辯證邏輯而感到困惑。為了更具體解釋這一點，以下試借助物理學的狄拉克方程和量子漲落來比喻。

在狄拉克方程中，電子本身具有自旋性，它像小陀螺一樣可順時針或逆時針的方向旋轉。據此，方程式預言存在着另一種不同自旋方向的新粒子。果不其然，隨後發現了與電子相同但帶有相反電荷的新粒子（正電子）的證據。後來更發現其所預言的其他粒子（如質子、中子）的確普遍具有反粒子。神奇的是，這些粒子似是從無中生有[3]，同時造成正粒子和負粒子，成為創造萬物的根據。克勞斯在《從無中生出的宇宙》中的第六章說：「在非常小的尺度上，在非常短的時間內，真空看起來就像是沸騰、

3 這無中生有的發現是基於海森伯的不確定性原理。這原理進一步意味着，在極小空間及極短時間內，可能蘊藏極大能量，可以從真空中，轉變為正、負粒子，兩者迅速相合而淹沒，並釋放出能量還回空間。

冒泡的虛擬粒子和場的混合物，其幅度在劇烈地波動。這些「量子漲落」(quantum fluctuation) 對於確定質子和原子的性質可能很重要，但通常在日常生活中是看不見的，這也是我們看來它們是如此不可理解的原因之一。」[4]

由此可見，即使物理學的真空，其中並非空無一物，而是充滿正負物質的對碰，只不過是正負兩者相等而互相抵消，致使我們在較大尺度的感官層面來看，對它們的存在毫無所覺。以此譬喻，佛法的「空」亦如物理學中的真空，並非空無一物，而是「真空妙有」。

換個管理學上的譬喻，宇宙的運作就像公司的年終結算。儘管其賬面值為零，但並不代表公司沒有進行任何交易。實際上，許多交易不斷地在進行，只不過是收入和支出的總數相互抵消，所以賬面總值為零。人的一生亦如是；來時什麼都沒有，去時什麼都帶不走；生從零開始，死亦還歸於零；因此人的內心中，常會隱約地有一種白忙一場的感覺。

回到偈文的第三句「亦為是假名」，它指出上述情況都是暫時的，並非固定不變。「假」並非指虛構，而是暫借的意思；「假名」即暫借的概念。例如，「假大會堂舉行婚禮」，意思並非說婚禮和大會堂是虛構的，而是暫時

---

4 L. Krauss. *A Universe from Nothing: Why there is Something rather than Nothing*. New York: Free Press, 2012, p. 97.

借用大會堂舉行婚禮。人們通過暫時的概念認知事物的存在，卻忽略其中的變化無常。既然 A 與非 A 都是變化無常的現象而非不變本體，那麼我們可以嘗試否定它們，看看會有什麼結果。經過對第一種句式「A、非 A」的否定後，我們得到第二種句式「非 A、非非 A」。這是恩格斯在《自然辯證法》中所說的否定之否定，也可說是佛教中的雙遣。

第四句「亦是中道義」，如果單純進行否定，那麼宇宙和我們自身都不復存在，這也不是中道。因此，我們甚至要對否定進行否定，不執任何一邊，昇華到更高境界，即第三種辯證句式——正反合[5]。這也是經文中常用的格式：「A，即非 A，是名 A」（佛教稱這句式為「即非是名」）。在日常生活中，這種思維也可大派用場：「所謂微波爐，即非微波爐，是名微波爐。」換言之，微波爐並非一個實體，只是一個裝有電子零件的箱子，是一個暫時的概念。通電後，它能起到微波爐的加熱作用；但在沒有電供應的地方，它就失去加熱功能。

經過這非邏輯性的思維訓練後，我們對佛法的「空」有更深刻的領悟。明白一切皆空，但也不將空視為一個永恆不變的概念。所謂「空空」，就連「空」也要空掉，即

---

5 這也是黑格爾常用的句式，因為他是哲學化的演繹，所以很少涉及科學內容，故難以具體討論，在這書中我就不加以探討了。

是我們不執着於「不執着」，不使它們變得形式化。這是一種自然自在的證悟。正如惟信禪師所說：「未參禪時，見山是山，見水是水;參禪後，見山不是山，見水不是水;悟道後，卻是見山只是山，見水只是水。」

可以這樣理解禪師的意思：在未曾研習佛法之前，人們執着地認為世間萬物都是實在且固定的；一旦開始修行佛法，為了擺脫那種執着，又可能走向另一個極端，全盤否定世間萬物，進而形成對不執着的另一種執着；直至最終開悟，才恍然大悟，世間萬物本就如此，連那不執着之心也應放下。

這裏試通過正、反、合的句式深入理解這歷程。首先，正題表達的是，作為常人，普遍認同世間事物的客觀實在性，儘管尚未洞察其深層次的矛盾與複雜性。接着，反題揭示的是，修行者逐漸領悟到，世間萬物不過是表象，但人卻執着二元的對立，甚至呈現為互相否定。最後，合題則表明，開悟之後，我們能夠透徹看到事物背後二元對立的互動關係，並從中結合出新的體會，再沒有任何一邊的執着。同樣，我們可以借用這一句式深化對佛法的體會。比如說：「所謂煩惱，即非煩惱，是名煩惱。」這句話蘊含的三層含義是：我們首先要正視煩惱的存在，儘管它常常讓我們感到苦惱悲憂，甚至難以接受；隨後我們要認識到，煩惱並非不可改變的實在，而是內心矛盾與對立的呈現；於是，我們面對的新課題，便是如何平衡這些矛盾與對立，放下一切執着，從而達到內心的安寧與自在。至於更詳細的生活實踐，可以參考第五章，一，第160頁。

・第五章・

生活實踐

《金剛經》是般若的開示，層次非常高。佛陀開始講述這部經時，就鼓勵信眾學習並實踐無相布施，以此成就菩薩道。這是菩薩的崇高理想，但生活在末法時代的人卻很難做到。儘管如此，我們還是可以借鑒這部經典的精神，融入到現實生活，從而領悟生活中的智慧。誠如六祖在《壇經》中說：「佛法在世間，不離世間覺。」可見，修行必須將佛法融入現實生活，通過修行改善生活，反過來透過生活經歷加深我們對佛法的理解，進而提升智慧。接下來，我將選取經文中的 8 個重要概念，例如無相、無住等，以自己的人生經驗去領會及實踐。我們當然不可能做到菩薩摩訶薩的境界，但只要堅持，不斷精進，提升自己，一定可以幫助我們深入領悟《金剛經》的智慧，也讓我們以佛陀的教導改善自己的人生和這個世界。

一、「空」

在第四章（三（八），第 150 頁）介紹了「空」，它

超越世間的認知和理解，故此語言文字不能完全表達出來，《心經》說：「是諸法空相，不生不滅，不垢不淨，不增不減。」意思是，「空」沒有二元對立！我們生活在現實社會，對任何事物容易產生相對兩邊「有無、好壞、多少」的看法。習慣了這樣的思維，便很難想像沒有二元對立的實相境界。

現在我嘗試從三方面探討「空」的生活實踐：

——事物呈現變化無常的現象；

——兩邊相互依存的互動關係；

——放下任何一邊的執着。

首先，從因緣所生法的角度理解「空」。當佛教說宇宙間的事物是「空」的，並非否定它們的存在，而是強調事物的存在具相互依存性。因為萬事萬物都是基於因緣所生法而產生的，任何個體不能獨立存在，而一切事物與現象必然變化無常，無法恒久固定。例如，佛教說色（身體）是「空」的，意味着身體在不斷生長和衰老，樣貌和體格在一段時間後必定會有變化。因此，我們不應執着於現時的樣貌和體格形態。即使因年紀增長，外貌變老，多了白髮和皺紋，也不必為此感到困擾。年老自有長者的尊嚴，正如我們不會因父母年老而輕視他們，反而應更加照顧和尊敬他們。這是中國傳統美德的體現，是我們應該護持的。年紀隨自然規律改變，價值也隨社會環境變化，這些都非個人主觀意願能轉移，執着只會浪費精力。

同樣，人的精神活動也是無常的、是相對的，是「空」的。在人生的不同階段，新思想湧現，舊思想消失，人的想法不會一成不變。雖然思想變化的速度各異，有些人可能較慢而不明顯，但我們必須接受當前現實，不要固執過往印象而對他人有成見。否則，生活中便會產生諸多衝突和煩惱。如在工作會議中，各成員可能抱持不同觀點和態度，甚至產生分歧和對立。但這些不同的觀點恰能為會議帶來多元視角。經過討論交流，大家會因理解加深而改變先前想法，從而達成共識，規劃出理想方案。因此，明白心的無常，我們便不會因思想分歧而僵持不下，反而會多聽取他人觀點，深入了解其作用和貢獻。

其次，從相互依存的互動關係理解「空」。表面上，事物往往呈現兩邊的相對性，但這種相對性並非截然分離的對立，而是隱藏着相互依存的互動關係。以夫妻為例，表面上丈夫與妻子是兩個不同的人，但兩者的身份缺一不可。未婚男士不稱丈夫，未婚女士也不稱妻子。直到兩人結婚後，才有丈夫和妻子的身份。夫妻關係是相對且互動的。雙方應互相愛護、互相忍讓，婚姻才能長久和諧。單方面的行動或要求，令關係無法持久。有些人不明白表面對立蘊含依存性，執着自己的見解，單方面向對方提出要求和指摘，導致關係緊張變差。若能了解「空」，我們便不會執着於言辭的爭拗，反而會主動先作出改變，從而帶動對方也有所改善。通過互動作用，使關係更完美。

事物固然不會永恆不變，我們認識的一切也同樣在不斷變化。因此，不要執着一時的認識是永遠正確的。肯定與否定並不一定是對立的，反而是互相滲透和影響的。就像磁石上的南北兩極，既是相反，也是相成的。基於因緣所生法，事物變化無常，不可能獨立存在。由好到壞，由愛到恨，事物表面看似兩邊對立，其實是互動依存。這種相對的特性，是佛教所講的「空」。

由於事物具有兩邊對立卻又相互依存的特性，我們不應以表面現象作取捨判別，應放下任何一邊的執着。再以夫妻爭拗為例，表面上夫妻兩人雖然各執一詞，但可能大家同樣是為子女的教育和前途着想。比如孩子應該選修甚麼科目——文科、理科還是商科？如果大家都能了解到，雙方的共同目標都是為子女的成長與發展着想，那麼便要放下對任何一方的執着。大家共同努力，協助孩子尋找出自己的興趣和潛能，讓他了解現實環境的需要後，自己作出合適的決定，父母減免無謂的爭拗。因此說：不執着父母表面現象的任何一邊，深入認識其中因緣，超越兩邊的對立，就是與「空」相應！所謂「佛法無邊」，其實是指佛法能超越兩邊對立的意思。

二、無相

無相是《金剛經》核心教義之一，可分為「無四相」及「無法相」兩方面。儘管「無法相」在某程度上已隱含了「無四相」的概念，但為方便理解，習慣上仍將其分開探討。

無四相

「無四相」（「無我相、無人相、無眾生相、無壽者相」），體現無緣大慈、同體大悲的精神，是佛菩薩修行達到的極高境界；其核心在於「無我相」，即完全放下自我的執着。一旦能做到「無我相」，便能自然做到「無人相」、「無眾生相」、「無壽者相」。眾生之所以煩惱重重，原因是過於執着自我，衍生貪、嗔、癡以及種種煩惱。對於我們凡夫俗子來說，完全放下自我並非易事。只要我們能夠領悟因緣果報的道理，明白貪、嗔、癡最終只會讓自己更苦惱，更遠離解脫之道，我們就應該努力逐步放下自我。而放下自我的最佳途徑，是多行布施的善舉。

社會中存在眾多熱衷慈善與公益的賢達之士，也有致力於推動教育事業的發展。其中，我深感敬佩的一位先賢，是香港的傑出工業家田家炳先生。他創立的田家炳基金會，秉承「文教興國」的宗旨，在香港及內地興建和資助眾多學校及圖書館，項目不僅數量驚人，而且影響深遠。

田家炳基金會所資助的學校除了香港之外，更遍佈全國的大學、中學、小學、專業學校及幼稚園等各類教育機構，院校數目逾三百所，圖書館數目逾一千八百所，為無數學子提供優質的教育環境。令人驚訝的是，我們幾乎看不到任何讚頌田家炳先生的碑文。因為田先生認為，教育是百年大計，不應摻雜個人的名利色彩，因此他行事極低調。在上世紀末的經濟低潮期，他得知香港有些大學的發展項目因資金問題受阻時，便毅然將自己所住的豪宅售出，將全數所得捐贈大學。在接受電視採訪時，他說：「一個人睡的床不過七尺寬，而我睡一晚就要花費上萬元，這實在不划算！還是把這些錢用於教育事業更有意義！」田先生一生奉行節儉樸素的生活原則，將自己畢生所得絕大部分都獻給慈善教育事業，據說他留給子女的僅是一部親手抄錄的《朱子家訓》。

田家炳先生這種無私的布施，幫助國家的教育發展，正是能放下自我及親人的大愛精神，也正是《金剛經》鼓勵的無相布施。

我亦認識不少社會賢達以不同的方式踐行他們的善念。其中有一位也是佛教徒的好朋友成立了一個基金會，默默地為無數活在困境中的生命帶來希望與光明。我認為那位朋友一直秉持的「慈悲為本，方便為門」理念，正正是活出了佛陀教導我們的「無相布施」——不執着形式、不求回報，以純粹利他之心潤澤眾生，彰顯人性的至善至美。以下簡單介紹那位朋友的善行。

作為基金的創辦人和支持者，朋友以「離一切相」的智慧，將財富轉化為救贖生命的善緣。從2009年開始，已幫助近8萬名在內地患有先天性心臟病的兒童，解決他們金錢上的問題，及時進行手術，回復正常生活。基金會的救助工程深入國家偏遠地區，聯合40餘家醫院，從篩查到康復全程守護患兒。朋友亦非常重視以教育改變命運，所以為他們開設人工智能課程、心理講座，制定成長方案，幫助他們適應智能化的世代。這種因材施教的慈悲，暗合佛教「眾生平等」和「對機說法」的理念。而且，其善行更延伸至其他範疇，支持國家的國際醫療援助計劃，捐贈手術車支援一帶一路沿線的國家，將慈悲推向世界。這種無分領域的奉獻，正是「無緣大慈，同體大悲」的現代實踐。

朋友坦言：「最大的夢想是實現別人的夢想。」這猶如菩薩般「發阿耨多羅三藐三菩提心」，繼而以行動詮釋「應無所住而生其心」。事實上，社會有不少人以商賈之身行菩薩之道，他們的故事道出慈悲智慧可以點亮世間。

希望以上的菩薩道精神和例子，能感染更多人，一起大開方便之門，共築人間淨土。

2005年，當時內地仍未充份發展，很多農村仍然處於較低的經濟水平。有見及此，我妻子倡議成立基金支援當時有經濟需要的大學生。這理念馬上得到不少香港工商界友好的支援，他們均沒考慮個人名利，只是盡心想幫助學生們，專心讀書並完成學業。基金的運作非常低調，沒有公開宣傳及募捐。基金取名為「精進」，寓意「遍灑菩提種子，如此精進不懈」的修行精神。

基金選擇了六所大學作合作夥伴，包括中國科學技術大學（安徽）、重慶大學、西安交通大學、西北工業大學（西安）、西安工程大學、以及吉首大學（湖南）。每年，基金撥款資助每所大學 25 名入學新生。每位同學的受助計畫將持續四至五年直至完成學業為止，這意味着基金資助每校不少於 100 名學生，使他們安心完成大學學業，總計每年共資助學生不少於 600 名。

除了經濟上的援助，我們的理念更在於這些大學生的品格培育，為國家培養出既有學識又有品格的未來接班人。我每年必會親自探訪這些大學，頒發助學證書，並與學生們分享中國文化和做人道理，強調感恩及報恩的重要性。正如佛教強調的四重恩:父母恩、老師恩、眾生恩（即社會恩）、國家恩，我們鼓勵學生將對基金感恩之心轉化為實際行動，回饋社會和國家。

我激勵學生們要努力學習，將來爭取財富與名譽，改善自己的生活、孝養父母、回饋社會和支援國家發展。同時，我也強調他們必須堅持道德的基本規範：不犯法、不損人利己以及問心無愧。

隨着國家經濟的蓬勃發展，精進慈善基金的資助計畫將於 2026 年迎來最後一批畢業生。基金為學生無償地提供了物質和精神上的援助，但我認為更重要的是教導他們心存感恩，以優良的中國傳統文化作為人生指引。最終，基金為國家培育出一批來自貧困家庭但品學兼優的接班人。

精進基金不僅為學生提供經濟資助，更重視他們的人格品德成長。我當時想：「我的子女都長大了，他們各有成就，不用我操心，我將學生視如自己的子女。」基金團隊將愛與關懷傳遞給每一位受助學生，幫助他們走出困境，實現人生夢想。基金不僅資助學生完成學業，還鼓勵他們成立精進愛心社等組織，增強同學間互相幫助，更將關懷延伸到更廣泛的社會層面。例如，同學們會參與公益活動，主動幫助獨居老人及因家庭變故而流散的兒童，給予他們生活與學習上的支持。藉此機緣，他們將愛心與善意傳遞給更多人，形成無間斷的良性循環。

我們要超越生命的時間局限，以更長遠的心態看待一切。在過往二十年，基金幫助超過 2,000 名同學完成大學課程。學生們投身社會工作、成長、成才、成家。他們將大愛及感恩的精神傳承下去，繼續幫助其他需要幫助的人，影響了一批又一批的學子。他們還成立校友會，積極推動和參與各項助人助己的義務活動，儼如一個溫暖的大家庭。期望藉着這種無私的奉獻精神，讓大家一起超越個體生命的時空局限。

無法相

有些成功人士在當前環境成功，卻執着既定方法的表相不思變通，當環境改變便遭受困擾。例如，當我作為香港理工大學校長時，大學經費絕大部分來自政府撥款和學生的學費。為提高教學質素及科研效益，大學推行全面檢討以提升效率，尤其着重節流與開源這兩方面。

節流方面，推出不同計畫減輕人手需要和開支，例如：精簡架構、簡化運作、檔案電子化等，這些計畫提高了工作效率，有效地抑制工作量的增加，也相應地遏止教職員數目的增長，但並沒有直接減免教職員。校方還檢討全套薪酬結構以配合市場實況，亦為有意離開的教職員提供自願離職計畫及作出合理的補償。以上計畫除達到節流的目的外，還提高大學的運作效率。在推行這些計畫時，亦同時改良管理文化，讓管理層及非教學職員明白到，其職責是對前線教員及學生提供支援而非對他們控制。目標和發展方向釐清後，大家工作間減少衝突，效率亦隨即有所提高。

開源方面，運用香港理工大學的優勢廣增資源。理大是一所以應用為主導的大學，於是決定加強和工商界合作，為他們提供生產技術、產品設計等服務，及舉辦自負盈虧課程，增加學校收益；理大亦建立全資擁有的教學酒店，既可幫助提升酒店管理學系的發展，亦為理大提供一筆可觀的收入。另外，大學亦決定加強人事網路，發展籌款文化及方法；加強校友聯繫，令校友無論在經濟上、出路上都可以為在讀及畢業同學提供幫助；廣結善緣，開拓與其他企業家的新聯繫，既可獲得新觸覺又可開拓新募捐管道。

我們不要固步自封，要貫徹執行「法無我」，才能面對複雜多變的環境。管理層定期檢討以上方案，以確定成效，並準備隨時作出相應的改動以保持高度的行政彈性。所謂「人無遠慮，必有近憂。」就是要及早發現問題，不要執着既定方法。儘管那方法在過去帶來成功，也要不時顧及環境改變的因素。

三、無住

「無住」是經中一個極為關鍵的概念。據《壇經》記載，惠能大師正是因聽聞五祖誦讀《金剛經》至「應無所住而生其心」的一句而頓悟，後來更成為禪宗六祖。成語「刻舟求劍」便是一個貼切的反面（有所住）解說：楚人渡江時佩劍掉落水中，船即將開行，他未及下水打撈，便在船上刻下記號，打算到岸後再依此記號下水找回寶劍。然而，船已前行，劍卻原地未動，這樣的尋劍之法豈不荒謬？

事物隨時間不斷發展變化，人的內心卻往往如沉劍於

河底，未能隨之覺醒。時間流逝，環境變遷，內心卻依舊沉浸在往昔的情境中，以至出現諸多誤解與錯配，導致人生充滿矛盾與衝突。以管理學為例，人們會因為執着過往成效而心有所住而忽視環境變化，導致警覺性大大降低；即使是曾經成功的大企業管理層，亦難免受此弊病所累，致使事業一敗塗地。

近年，科技發展迅猛，傳統攝影技術被數碼攝影取代，膠捲市場日漸萎縮。昔日顯赫一時的傳統攝影器材材料大企業，雖曾進行市場調研，甚至預估到膠捲市場將被數碼攝影取代的時間，卻遲遲未制定轉型策略，最終難逃破產重組的命運。這或許是因為領導層執着於過往的行業龍頭地位，難以離開舒適區從零開始的緣故。現代科技發展日新月異，無論企業還是國家，若缺乏高瞻遠矚，即使曾經的龍頭大哥也會失去領先優勢。因此，領導層的心態能否與時俱進、帶領團隊離開舒適區重新探索、能否做到心無所住，成為了制勝的關鍵！

當心中有所執着時，卻又未能配合環境改變，便很容易對社會、企業、和國家產生負面影響，那麼對個人來說又會怎樣呢？同樣，這也會影響個人的生活質素。因為人會在不知不覺中陷入慣性的心理黑洞，經常重複着某些既定思維，不肯與時並進，便會給情緒帶來極大困擾，甚至妨礙正常生活和發展。為便解釋，下面舉一個較為嚴重但並非罕見的例子。有人遭遇網路詐騙，失去畢生積蓄而受到重大打擊；思緒便一直縈繞被騙的過程，經常責怪自己做出愚蠢的決定；並開始質疑自己的能力，自我價值感也隨之下降；在失去自信的同時，也失去對他人的信任，甚至無法再和朋友深入交往。如果這種情況持續不斷惡化，就會形成心理學上所說的創傷後壓力障礙。

相對而言，我再以個人的經歷為大家提供一個正面例子。2001 年初，我正處於人生的一個十字路口。當時我剛踏入六十歲，已擔任香港理工大學校長十年。我可以選擇退休，享受悠閒的生活；也可以繼續工作，迎接新挑戰。對我而言，這不是一個容易的決定。因此我提出進行一次「校長工作表現評核」，先看看別人如何評價我的工作表現，再作決定。有校董會成員和同事也勸我，這樣做有風險，何必將自己「擺上台」呢？其實，我這個提議絕非輕率之舉。我知道人一般喜歡批評別人，吝嗇讚賞。加上當時校內有不少比較偏激的學生及同事，可能會影響我的評分。另一方面，雖然我對自己的工作表現有信心，也希望透過這次的評核，了解自己不足之處。

評核方法嚴謹，參與評核者包括校董、校內學生及教職員工組織的幹事、各副校長、院長、系主任、講座教授及老師代表，共一百五十人。他們以不記名方式對我過去十年的校長表現評分及發表意見。我的評核成績達到八十一分（滿分為一百分）。這個分數比我的預期更好，我非常滿意。這個評分是對我過去十年校長工作的肯定，也是對我繼續工作的鼓勵。最後，我決定留任校長。

在評核的過程中，我深刻體會到「應無所住而生其心」的佛教思想。無住，是心不執着任何事，不住於相。生心，是在無住的基礎上生起清淨、自在的心念。所以無論是提出進行評核、面對評核的挑戰、接受評核結果，我都以平常心看待。無論是好果還是壞果，我都要接受。事實上，這次評核，令我更堅定自己在工作上的信念和決心。因為我深知作為大學校長，我作的每一個決定，走的每一步，都種下了因。而這些因，始終會結果。

這正是無住生心的體現，也是我對佛教信仰的踐行。日後我面對任何事情，不會執着結果的好壞，只本著一顆無住的心，面對挑戰和機遇。

顯然，若要提升生活品質，關鍵在於實踐「應無所住而生其心」的智慧！面對生活中的種種不幸，我們應從中汲取教訓，以防重蹈覆轍。在反思的同時，我們應避免沉溺於自責與負面情緒之中，以免消耗精力，嚴重影響生活品質。佛教說世事無常，意味着無論是負面還是正面的事物，終將隨時間消散。不好的事物會消失；同樣地，美好的事物也會消失，現在給我們方便的東西，將來可能成為幸福的阻礙。因此，在日常生活中，我們不應停留在既定的活動框架，要多作脫框思維。

舉例來說，教育旨在培養成就人才，對於遭遇挫折的學生，更應給予扶持，幫助他們走向光明。在不同的環境和情境下，我們要靈活變通，而其中最關鍵的，便是擁有權衡利害的智慧。接下來，我將分享如何在既定制度下爭取更理想的成果。

在我擔任香港大學理學院院長的日子裏，每次成績公佈後，我都會與每位未能及格的學生面談，了解他們的具體情況，希望可以提供適當的幫助。記得有一次，一位重考生面臨被退學的邊緣，按大學規定，重考生如果重考不合格是沒有機會再讀的了，但我發覺他的其他科目的成績並不太差，只是其中一門科目接近及格線。若能通過這門科目，他便能順利畢業。與他見面深入了解後，原來他在該科目考試前夜參與學生運動，因此錯失溫習時間。儘管他的行為衝動且不理智，但為了避免浪費人才和社會對學生的投資，我希望能重新評估他的學業成績。經過與系主任和那科老師的討論，他們同意除了審閱試卷外，還參考他一年來的學習表現。最後綜合所有因素，我們決定破格給予他及格，使他在大學的多年努力得以圓滿，順利獲得學位。

當然，但凡破框的舉動必然帶有一定風險。在該次事件中，我亦明言，我破框修改已公佈的成績，倘若將來有什麼後果由我負上全責。我堅持認為教育的理念在於栽培能為社會作出貢獻的年輕人，而非製造一些心灰意冷的失敗者。不應執着既定規則，我們才能突破限制，做出更大的貢獻。這正是「無住」的智慧教導我們的，讓我們在變幻無常的世界中增添更多人間溫暖與幸福。

另外，經文中有一句「過去心不可得，現在心不可得，未來心不可得」就是教導我們活在當下，過去已逝，不復存在；世事無常，轉瞬即逝；未來未至，充滿變數。因此，要真正投入當前的現實環境中。這句經文在禪宗也有一個公案。《碧岩錄》中第四則所載，德山和尚原是一位講學僧，在西蜀以講授《金剛經》聞名。他聽聞南方禪宗宣揚「即心是佛」，心生疑惑，決意前往破斥其非。他帶着自己的著作《金剛經疏鈔》，憤然南下。途中，德山遇見一位賣油糍的婆婆，便放下疏鈔買點心吃。婆婆得知他的身份後向他提問：「《金剛經》云：『過去心不可得，現在心不可得，未來心不可得。』你究竟要『點』哪個『心』？」德山愕然，無言以對。婆婆遂指點他去龍潭山參學。德山懷着滿胸鬱悶，餓着肚子來到龍潭山，見不到禪師，便說：「久向龍潭，及乎到來；潭又不見，龍又不現。」崇信禪師從屏風後引身而出，二人交談數句後，禪師見天色已晚，便讓他回去。德山掀開簾子走出禪房，卻見室外漆黑一片，便回頭說：「門外黑。」禪師點燃紙燭遞給他。德山接過時，禪師卻突然把燭吹滅。當下，德山豁然大悟，回到法堂前將自己所著的疏鈔付之一炬，並感慨道：「窮諸玄辯，若一毫置於太虛；竭世樞機，似一滴投於巨壑。」

在我看來，德山所悟的是：要驅散無明黑暗，必須點亮內心的心燈。修行者若向外馳求，無論是通過空間（行腳所至）、時間（過去、現在、未來）、還是語言文字（假名施設），一旦執着外物，便無法開悟。因此，修行必須向內觀照，方能實踐修心之道。婆婆以經文「過去心不可得，現在心不可得，未來心不可得」點化德山，讓他明白到：不要停住在文字相；不要執着自己的所知所想，也別想通過和別人爭拗弘揚真理；否則的話，所學的千經萬論，就會反過來成為放不下的負累（所知障）。故此，我們必須深入內心的體會，從實踐上得到領悟，這才是《金剛經》的要旨。

四、當生如是心

經文鼓勵我們要懷抱恰當的發心，因為成功往往源自內心的願景。我在大學時代，便懷着一個夢想：「勤奮讀書，將來成為一名教授。」「不僅要成為教授，還要成為一級教授。」在我心目中，「教授」代表着神聖而高超的學術和知識，備受尊崇。我並非對考試充滿濃厚興趣，但對於每一次考試，我都懷着敬畏之心，絲毫不敢懈怠。正如佛教所言：「獅子搏象用全力，搏兔亦用全力。」我亦是如此，全力以赴，只為將心中的願景一點一滴地轉化為現實，最終在未來結出豐碩的果實。

順利完成四年大學生活後，獲獎學金赴英國倫敦大學深造，這使我離自己的夢想更近一步。然而，在與外國同學的交談中，我時常聽到他們談論英國的事務，言語間流露出對國家的自豪。偶爾，他們也會提及中國：「一個貧窮落後的國家」、「沒有前途」……他們的態度明顯透露對我這個在場唯一中國人的不屑。六十年代的中國確實如此，亦讓我一時語塞。那似乎是一種屈辱，但這份屈辱不僅僅屬於我個人，更屬於國家和民族。因此，我再次堅定內心的信念：要努力學習，用自己所學的科學知識幫助國家和民族發展！

在倫敦大學圓滿結束三年的博士課程後，轉往美國加州理工學院繼續博士後研究。以我當時取得的學歷和成就，留在美國從事教學與科研工作是輕而易舉的。儘管在美國有豐富的科研資源和人才薈萃，但我的心始終牽掛着香港，渴望為華人學子傳道授業，為國家培育英才。

幸運的是，我妻子非常理解我這志向並給予全面支持，於是我們攜手回到香港。七十年代，香港大學的科研條件雖無法與美國相提並論，但經過我們團隊的不懈努力，終於在 1984 年迎來轉機。我收到美國斯坦福大學化學系陶畢教授（Henry Taube）的來信，他在信中高度讚揚我們在釕（Ruthenium）金屬研究領域取得的突破性成果，並坦言這為他提供了新的研究思路。這位教授可不是一般的教授，他是 1983 年諾貝爾化學獎的得主，他領導

的研究領域與我們港大團隊的研究方向有所重疊，且常處於競爭狀態，他更請了一位我的博士生到他的實驗室做博士後研究。故我常暗自激勵自己，絕不能落後於這位業界翹楚。

經過一番激烈的較量，到了次年，那位諾獎得主竟然再次來信，宣佈他們決定退出這場競爭，將相關研究空間拱手讓給我們。自此，港大化學系在釕的大環化學研究領域嶄露頭角，贏得國際聲譽，其後的承繼者也繼續發揚光大。

當時，在八十年代中期，我站在人生的十字路口，面臨兩個重要的人生抉擇：一是繼續科學研究，力求在學術上取得更高突破；二是投身大學教育的發展，培育更多有為的青年學子。經過一番深思熟慮，我最終選擇了後者，因為我堅信這對國家的發展有更深遠的影響。於是，我調整了自己的願景，要成為一名傑出的大學校長。我的願景得以逐步實現，從香港大學的理學院院長轉任香港理工學院院長，幫助理工學院成功升格為香港理工大學。理大的定位在當時可說是獨樹一幟，既注重理論深度，又強調應用實踐，旨在全面提升學術水平的同時，關注科研對社會的實用價值。理大還積極與內地的大學及科研機構開展合作，共同為國家的繁榮發展貢獻力量。

國家自改革開放以來，吸收了西方很多好東西，如科技、管理模式等。事實上，我們亦有自己的優良文化，要重視和好好傳承。但有些年輕人過份崇尚外國的事物，輕視自己的傳統瑰寶。就如現今越來越多年輕人，熱衷西方節日，如耶誕節、情人節、萬聖節等。反觀中國的傳統節日，有被輕視和淡化的趨勢。

有鑑於此，我與兩位政協委員，一起在 2004 年的全國政協會議上，提案建議中央政府將清明、中秋、端午列為國家法定節日假期。提案的三位人士，除了我，還有前香港文匯報社長張國良先生和香港旭日集團董事長楊釗博士，亦得到很多委員的支持。

這一題案看似簡單，然而中央政府審批的過程並非一帆風順。我們沒有放棄，終於在 2007 年第四次提出後，獲中央政府同意，並在 2008 年推出新的假日方案，增加了清明、中秋、端午三個法定節日假期。

當我在新聞報導中，看到內地在清明節，公路上車水馬龍，掃墓踏青人山人海的景象，心中感到十分欣慰！當中央電視台訪問我時，我表示每一個傳統節日假期，都不應只顧休息玩樂，而是有肩負弘揚傳統文化的重大意義。

從香港理工大學退休後，我將精力投入到學佛，修佛和弘法及慈善事業，將佛教和傳統文化的道德價值觀傳遞給年輕人。此外在 2005 年，我還成立精進慈善基金，旨在幫助當時內地有經濟困難的學生完成大學學業，並啟發他們的全面成長（參考本章，二，第 167 頁）。

正因這些不斷湧現的信念，激勵我不斷設定更高的目標，奮發向前，勇往直前。同時，也拓寬我的視野，使我能在日後不斷超越自我。有一句偈語：「人身難得今已得，佛法難聞今已聞，此身不向今生度，更待何生度此身。」現在我的願景是發菩提心，勤修淨土法門，期望在西方極樂世界修菩提道，在適當時候，重返娑婆世界，度化眾生。

五、法施與財施

法施與財施是兩個重要的概念，雖然經文強調法施相較財施更為殊勝，且功德更深厚，但這兩者在實際生活中各有其獨特的價值和意義。故在日常生活中，我們需要更全面理解和體會這兩種布施方式，以下為大家作一個分析。

從宗教角度看，法施能給予他人佛法、智慧、正道的教導，其功德遠超於物質上的布施。因為法施能夠引領人們走向解脫之道，幫助他們超越生死輪迴，達到最終的涅槃境界。這種精神上的布施，會被視為屬於更高的層次。從生活角度來看，其實也需要對財施給予足夠的重視，因它同樣扮演不可或缺的角色。它可以直接幫助人們解決眼前的困難，改善生活品質，在某些情況下，甚至還能成為法施的先決條件。例如，當一個人連基本生活都無法保障時，他便無法專注於學習佛法或接受精神層面的指引。

關於法施的具體實踐，它並不僅僅局限於講經說法。正如教育年輕人具備基本的道德操守，了解中國文化，明白陰陽協調、和諧共處的道理，以及培養感恩之心、孝順父母等，這些都是法施的具體展現，有助塑造人們正確的價值觀和世界觀，提升他們的精神境界。

對於佛教徒來說，雖然傳播佛法是一項重要的使命，但也應該避免過度推銷佛法而忽視對他人的實際幫助。在現實生活中，我們應該根據具體情況，靈活運用財施和法施，以達到對機說法的效果。這樣才能達到造福眾生、成就佛道的弘法目標。

總括而言，兩種布施相輔相成，共同構成佛教修行中的重要組成部分；菩薩行者需根據實際情況靈活運用，一方面造福眾生，另一方面積累功德。

六、忍辱

忍辱是一種具體的修行方法，涉及生活的許多方面，比較容易理解。經文中提到，佛陀在過去世中曾遭受哥利王割截身體，但他沒有產生絲毫的嗔恨心。這可以說是忍辱的極限。大家不要以為這只是一個故事而掉以輕心。事實上，在日常生活中，我們經常會遇到外在環境的考驗，那時候我們該如何自處、如何取捨呢？面對逆境時，是不是就要大發脾氣、或怨天尤人呢？反過來，面對順境時，是不是會得意忘形、喜氣洋洋呢？這其實是一門很大的學問。

在深入討論之前，我先講個小故事，雖然可能是虛構的，但故事的深意很值得修行人借鑒。話說一天，蘇東坡雅興大發，寫了一首偈子：「稽首天中天，毫光照大千；八風吹不動，端坐紫金蓮。」然後讓人拿去給住在對江的好友佛印禪師品評。禪師看後，只寫了兩個字：「放屁！」蘇東坡看到僕人帶回來的評語後大為惱火，急忙過江去和他理論。沒想到佛印不但沒有和他辯論，反而哈哈大笑地說:「八風吹不動，一屁打過江！」佛經的「八風」指的是:「利、衰、稱、譏、毀、譽、樂、苦。」[6] 這些不正是我們在現實生活中經常面對的順境或逆境嗎？面對詆毀時，人們會憤憤不平；面對稱讚時，則會飄飄然。這兩種反應其實反映同樣的心理素質——無法經受環境變化的衝擊。

現在，讓我們深入探討忍辱的涵意。生活中，「不如意事十常八九」，面對逆境時，內心抗拒並產生嗔恨是人之常情。對於動物而言，嗔恨是一種壓力反應，能增加「戰或逃」狀態的能量值，說明它們更有效地應對環境挑戰。然而，當人類進入文明社會，面對的無形壓力如事業和社交，既無明確的戰鬥對象，也無處可逃。此時，嗔恨非但無助，反而可能雪上加霜，招致不必要的敵意，使事情變得更糟。更糟糕的是，這些壓力反應還可能壓垮身

6 在《增支部．4集．192經》中，又稱為隨轉世界的八世法：利（益）、衰（蝕）、稱（贊）、譏（諷）、（詆）毀、（名）譽、（快）樂、（痛）苦。

體，形成身心症。我們要謹慎處事，避免不恰當的情緒反應，而這類教訓其實早已植根於中國文化的土壤中。在《論語》中，孔子就說過：「小不忍則亂大謀。」這與忍辱的道理和作用相同，確實是至理名言。

忍辱，在廣義上涵蓋多個領域。雖然忍受肉體上的疼痛是最直觀的表現，由於它是各種痛苦中最具體的一種，因此經常被拿來討論。在當今社會，心理層面的痛苦更為普遍且影響深遠，人們往往對此缺乏足夠的認識。例如，若人際關係問題處理不當，會帶來無形的壓力，降低工作效率，讓人感到壓抑，甚至可能引發身心疾病。這種情況在處理公共事務時尤為明顯。

以個人經驗為例，在香港回歸前我曾擔任香港立法局議員（現稱香港特別行政區立法會），作為學者進入立法局，我把目光聚焦處理科技、經濟、教育等方面的發展，並對其他議題保持中立立場。我認為要具備長遠目光才能發展經濟、改善民生，而長遠策略往往需要付出代價。在傳媒政治時代，這樣的願景往往難以被群眾接受。在當年立法局的無休止爭辯中，我總是處於兩頭不討好的境地。

例如，1986 年深圳大亞灣核電站的建設，恰逢前蘇聯切爾諾貝爾核電站爆炸事件，引發香港人的集體恐慌，並成立了反對核電組織。核電站成了一個揮之不去的集體恐懼情意結，有人借機煽動民意，將事件政治化，成為反對中央政府的口實。於是，香港政府成立專責小組，作為成員的我跟隨小組前往法國及日本考察核電站設施，了解核電站的類型、結構、安全指數等。經過慎重的了解和分析，我們明白所建的核電站與發生意外的核電站完全不同，更為先進，具有三重保護，即使爆炸也未必會引起核輻射擴散，發生重大意外的機會率其實並不高。綜合各項因素後，我表態支持，並在不同場合從科學角度向市民解釋大亞灣核電站的各項安全考慮。與此同時，我們亦要求將來的核電站加強運作過程的透明度，並在管理上達到一定水平。然而，儘管如此，我還是成了眾矢之的，「親中」、「左仔」的指責聲四起。面對那些無理指責，我亦無從抗辯，為避免越描越黑，只能忍氣吞聲，繼續為科學教育默默耕耘。

立法局議員的經驗讓我學會從更全面和長遠利益角度思考問題，使我具備清晰的整體思維。這也讓我對成語「忍辱負重」有了更深刻的體會。即使遭遇無理指責，忍辱也變得恰當且可行。那麼，面對順境時，我們又該如何自處呢？在順境中，我們同樣需要保持心態平穩，不可因一時的成功而得意忘形，變得張狂。這種無論順逆都能保持平穩的心態，是行穩致遠的必要條件。正因如此，後來佛教有把「忍辱」譯為「安忍」的。

經驗告訴我，安忍不僅對個人成長至關重要，對社會的發展同樣具深遠的影響。在處理社會事務時，個人應避免情緒化，保持內心安忍，才能洞悉事情的實質內容，作

出正確選擇。當然，成功之後的慶祝是應該的，適度的慶祝能夠增強腦中的獎罰機制，激勵我們更努力追求成功，保持前進的動力。但歡欣喜慶也應有節制，不應過早或過度。否則，會失去警覺性，導致為山九仞而功虧一簣。

七、有為法如夢幻泡影

人們在現實生活（有為法）中經常要面對多種不同訴求，在複雜的社會環境中很容易令人迷失。但所謂萬變不離其宗，只要掌握其中理念就可以應用到不同場合。當然，我們也要配合修行訓練，不應期望一蹴即成。但無論如何，我們仍然可以用《金剛經》末尾的四句偈「一切有為法，如夢幻泡影；如露亦如電，應作如是觀」提醒自己不要執着世間萬物。

世間的成敗得失很大程度上都是人為設定的，即主觀的、有某種目的性的；因此，它的價值往往並不長久。以股票市場為例，雖然有些人可以因投資而風生水起，但因投資失敗而招致損失的人卻是大多數。市場環境一旦變化，投資者往往無法及時反應而遭受損失。因此，在投資之前必須三思而後行，並考慮自己所能承受的風險才做出決定，並且要有面對失敗的心理預備。當投資失利時，便明白這是大概率事件，不會過分自責；如果想要繼續投資的話，就應該寄望將來把調研做得更好；如果趁機離場，也未嘗不可。當投資得利時，我們也不必過份高興，要明白一時的得失只是過眼雲煙，世間沒有永久不變的成功。所謂一理通，百理明。作為佛教徒，我認為面對世間的種種名利得失，都應抱持這樣的態度。

莎士比亞說：「人生如舞台。」《金剛經》讓我們更明白量子力學家波爾所說的：我們既是台上的演員，也是台下的觀眾[7]。在台上的時候，無論扮演任何角色，都不是真正的自己，但總要完全投入，演好這個角色；在台下的時候，我們要學會抽離，懂得捨棄，從中領悟人生的劇本如何編寫，亦可作適當的修改，當舞台落幕的時候，即使各散東西亦感到人生再無遺憾！

八、如何降伏其心

一般人必須在社會工作，和社群接觸，才能生活下去。那容易令心神往外奔馳，導致心猿意馬無法專注，那麼應該怎樣降伏其心呢？以下分享我過往的經歷。

當我在 1960 年代踏入香港大學校園時，我秉持着

---

7 Niels Bohr, *Essays 1958-62 on Atomic Physics and Human Knowledge*, New York, London: Interscience Publishers, 1963, p.15.

「全方位發展」的信念，借着參與各種不同類型的活動擴闊視野。在大學第三年，我當上理學院學生會會長。很多同學笑我在「自掘墳墓」。當時大學是三年制，在港大特有的「蜜月年」制度下，二年級不用考試，三年級的成績非常關鍵，往屆會長因花時間在學生會工作弄至成績不佳的亦大有人在。

在這緊張的時刻，命運還為我帶來更大的挑戰。在迎新營偶遇理學院新生小師妹，這場邂逅成為我生命的重要轉折，她也成為我日後的妻子。我原以為戀愛會分散精力，她反而主動化身「學業督導」，與我相約圖書館共修。這種相互砥礪的情感模式，成為後來突破缺乏時間溫習的轉捩點。

除了以上兩樣對我讀書影響至深的事情外；為了減輕家庭經濟壓力，我還替中學生補習，亦去做其他兼職。餘下用於讀書的時候，確實所剩無幾。

在下一段闡述我的解決方法前，讓我先講講其後的學業成績。當年在理學院拿到最高一級榮譽普通理學士畢業的四個同學中，我是其中一位，亦是化學系唯一的一位。一年後，我再以一級榮譽拿下了特別理學士。

時間短缺的問題是現代人的通病，要解決實在不容易，所以近年時間管理成為一門學問。其實，當年我已發現解決這問題的兩個法則——善於取捨和專心。首先談談善於取捨。我肯定在眾多事務中，讀書最為重要，我規定自己每週讀書不少於十小時，可說是為完成學習目標訂立的尤利西斯合約[8]條款。無論事務多忙，我堅持這個自我的約定。就算不睡覺也要每星期完成十小時的溫習。我讀書時間肯定比別人少，但我有一個殺手鐧——專心。專心讀書，便不會輸給那些整天讀書但可能不專心的同學。

「專心」需要意志力，而意志力源於信念。我當時的信念是將來當上一名出色的教授。這信念驅使我一定要「專心」讀書，這就是佛教說的活在當下。讀書時，意志力幫助我降伏一切雜念和妄想，最終得到很理想的成績。

8　尤利西斯合約（Ulysses Contract）是行為經濟學和心理學的概念，指人們在面對未來的誘惑時，通過事先做出承諾來限制選擇，使自己能依從原來方向前進而不致迷失。尤利西斯是古希臘神話中的英雄，他在船上行為面對海妖的誘惑前，便命船員用耳塞封住耳朵；而為了一聽海妖的歌聲，更將自己捆綁在船上，以防止受到誘惑而偏離航道。

第六章 經文總結

《金剛經》猶如一顆無堅不摧的鑽石，先破開人們內心對「我」、「法」等外相固有的執着，繼而展露出般若的核心——空性。經文以佛陀與須菩提之間的對話為契機，幫助信眾掃除名言概念的迷霧，深入體證般若的深邃奧義，尋求內心的清淨與自在。我們透過努力研習經文，領悟其中的至高智慧，也要將其融入現實生活中，活出佛門智慧。

第六章是全書的總結，回顧前五章對《金剛經》的理解、修行、和體會，並撮合為 18 個要點。然而，完成所有要點並非修行的終點，而是到達學佛的新起點。發心菩薩道的同修們都應明白，世間一切有為法皆如夢幻泡影，如露亦如電，唯有以無住之心，不執着外相，才能邁向「無為法」的究竟彼岸。

一、《金剛經》的主旨在於通過無相、無住、雙遣、中道展現「不變隨緣，隨緣不變」的悲智合一境界。

二、佛陀首先教導已具慧眼的阿羅漢，向菩薩摩訶薩學習，做到「無四相」隨緣度化眾生（不變隨緣）。這意味着在度化眾生時保持內心清淨無染，不執着有眾生可

度；而是順應因緣，清淨而行（隨緣不變）。

三、「無四相」，是放下對我、人、眾生（生命在空間的廣延）和壽者（生命在時間的延續）的執着。推而廣之，「無四相」也意味放下對一切外境現象的執着，即「無法相」。雖然人們常在討論時分開「無四相」和「無法相」，它們實質是真如本性的一體兩面。

四、菩薩修六度萬行「布施、持戒、忍辱、精進、禪定、般若」，佛陀特別選擇其中的布施、忍辱及般若教導眾生怎樣才能達至真如本性。

五、布施是度化眾生的重要管道，可分三類：財施、無畏施和法施。廣義上，忍辱亦是無畏施，讓傷害自己的人得到內心憤怒的發洩。財施與無畏施幫助受惠者解決眼前的物質與精神上的困擾，但兩者的福德不及法施，因為法施能幫助受惠者明白因果道理，進一步修持佛法，最終得到解脫。

六、布施分為有相布施和無相布施兩種。有相布施，執着自己（布施者）、對象（受施者）、財物（布施物），其功德遠不及無相布施。無相布施，不執着自己為布施者、受施者、布施物。無相布施帶來的福德，無法以任何標準衡量，它就同虛空一般，無邊無際，是修行者獲得福德的本質（福德性），也被稱作功德。

七、若有人不執着四相，以清淨心書寫、受持、誦讀、弘揚《金剛經》，行法施，所獲功德不可測量。這亦表示他有能力承擔弘揚佛法的重任。

八、菩薩摩訶薩深知一切皆空，不會執着外相為實。他們不會因為見到報身佛與化身佛的殊勝莊嚴，就以為已經認識佛的真如本性（法身佛）；不會執着佛已經證得無上正等正覺和有佛法可傳授；不會執着布施帶來的任何福德，亦不會執着得到任何殊勝莊嚴。因為明白一切都是空性的體現。

九、如何生起清淨心？關鍵是「應無所住而生其心」。這意味着，我們在起心動念時，不應執着色、聲、香、味、觸、法等種種外在因素。要達到心靈自由自在，就不要被外界的誘惑牽制，讓心靈受干擾。

十、「空」，是佛菩薩徹悟的真如實相，它無法用任何語言或文字完全表達。儘管經文沒有直接使用「空」這個字，但經文運用「即非是名」的辯證句式（A，即非 A，是名 A）展示「空」——體、相、用三者之間的關係。例如，「所言一切法者，即非一切法，是故名一切法」，這句話的意思是，所謂佛法，其實並沒有真正的佛法存在，所謂佛法只是一個假名，它可以幫助菩薩修習，最終獲得正果。因此，這個假名具有實際的作用。這種正、反、合的「即非是名」句式在全經中反覆出現二十多次，涵蓋第一波羅蜜、世界、莊嚴佛土、實相、一合相等重要佛教概念。通過這些表述，讓我們更深刻理解「空」作為佛菩薩修行理論的核心。

十一、我按龍樹菩薩的三是偈概括：

「因緣所生法」——世間萬物皆因緣而生；

「我說即是空」——並非真實存在，而是「空」；

「亦為是假名」——僅是以暫借的名言概念呈現；

「亦是中道義」——不執有，亦不執空，才是中道。

菩薩通過不執於世間事物，體悟一切現象背後的空性；亦放下對「空」的執着，即所謂「空空」。

十二、經文教導的「無為法」，是達到不生不滅、不垢不淨、不增不減的境界。小乘與大乘賢聖的差異不在於「有為法」，而在於他們因修行程度而證悟「無為法」的深淺。

十三、佛陀首先教導具慧眼的阿羅漢，發心學習菩薩摩訶薩，認真實踐以上的修證，達到悲智雙運的圓滿境界。他並將這部經命名《金剛般若波羅蜜》。

十四、佛陀還指出，在佛滅後五百年（如末法時代），仍有些修行人具備深厚善根與福德，能不執着四相或法相，修行般若波羅蜜。

十五、佛陀深知在場的人天眾生難以領悟這些深奧義理，但他慈悲地鼓勵大家不要氣餒，首先要發下修行菩薩道而成佛的決心。

十六、佛陀首先向人天眾生簡明扼要地重申經文的重點。儘管知道他們暫時難以真正領會，但仍溫柔地安慰他們，表示佛擁有人的肉眼和天人的天眼，能從他們的角度理解一切，深知人天眾生目前難以真正明白這些教義。

十七、佛陀指出，人天眾生的雜念與妄想就如將整個世界細碎成微塵那麼繁多，亦如微塵那麼漂浮不定。眾生執着四相，也執着法相，將虛幻視為真實。在現階段，他們尚不能真正修持「無為法」，應先努力修持「有為法」。當他們真正明白一切「有為法」都如夢幻泡影般虛幻不實，或如露電般的短暫，便能進入「無為法」的境界，真正體證佛陀的開示，證入真如本性，實現真正的覺悟。

十八、最後，我認為以下兩句經文可以歸納《金剛經》的核心教導：

——「應無所住而生其心」，總結前半部的教導，強調修行者要放下執着，才能達至心靈的解脫自在。

——「一切有為法，如夢幻泡影，如露亦如電，應作如是觀」，總結後半部的教導，指引我們要努力修行，達到「無為法」境界，才能達至真正的覺悟。

後語

佛陀開示《金剛經》，是為那些已開啟慧眼的小乘聖者，以及已發菩提心的菩薩而說的。既然《金剛經》的對象是已開慧眼的小乘聖者，我是凡夫，不可能完全領悟《金剛經》的深邃意境，所以定書名為「我認識的《金剛經》」。我的心願是用淺白文字，將自己的體悟與大家分享，希望引起大家的興趣，多研讀古今高僧大德對《金剛經》的注解，逐漸明白佛陀的深奧教誨。

《金剛經》像一座橋樑，連接有為法與無為法，幫助修行者領略既微妙又宏大的般若智慧。然而，我們生活在末法時期，即使有幸接觸並學習經文字句，也常感到難以完全掌握其深層的含義。這並不是經典本身的問題，而是時代背景有所不同，加上自身的修為和慧根仍有差距。

面對這樣的困境，我們該如何抉擇？放棄修行，還是繼續前行？答案顯然是後者！正如經中所說，第一步是「當生如是心」，要訂立清晰願景。經中提到的「空」、「無相」、「無住」、「財施與法施」、「忍辱」、「如何降伏其心」等重要領域，看似深奧難做，其實我們可以從淺入深，循序漸進，盡自己能力做。可參考在第五章的一些實踐經驗。

我總覺得只要肯訂立清晰願景，努力執行，堅持不放棄，正如老子說：「慎終如始，則無敗事。」透過實踐，改善自己，我們一定可以從有相布施逐步提升到無相布施，我們不僅能積累福德因緣，偶爾還能體會對有為法的超越。這種超越，不是逃避現實，而是以更豁達的態度和更高智慧面對生活中的各種困境和挑戰。即使在現實生活中遇到有為法的誘惑和干擾，我們可以憑藉四句偈「一切有為法，如夢幻泡影，如露亦如電，應作如是觀」所給出的啟悟，藉以洞悉有為法的幻像，捨離執着，甚至進而一窺無為法的實相。

每個人修行之路都是獨特的，對《金剛經》的感悟也各不相同。隨着修為的提升和心靈的成長，我們對經文的理解也會不斷加深和拓展。或許在未來的某一天，當大家再次翻開《金剛經》時，會發現曾經困擾的問題已經迎刃而解；而曾經模糊不清的般若智慧，也變得清晰明瞭。

最後，我想對正在修行的佛友說，無論現在處於何種境界，都要當生如是心：不要因一時的困惑而氣餒，也不要因一時的感悟而自滿。修行是一場漫長而艱辛的旅程，只要我們堅持不懈地努力，總有一天會達到無為法的彼岸。在此，祝願大家都能懷著初發的菩提心，在生活中努力精進，實踐菩薩道精神！

附件
《金剛般若波羅蜜經》

姚秦鳩摩羅什譯

如是我聞。一時佛在舍衛國祇樹給孤獨園。與大比丘眾千二百五十人俱。爾時世尊食時著衣持鉢入舍衛大城乞食。於其城中次第乞已。還至本處飯食訖。收衣鉢洗足已敷座而坐。時長老須菩提在大眾中。即從座起偏袒右肩右膝著地。合掌恭敬而白佛言。希有世尊。如來善護念諸菩薩。善付囑諸菩薩。世尊。善男子善女人。發阿耨多羅三藐三菩提心。應云何住云何降伏其心。佛言。善哉善哉。須菩提。如汝所說。如來善護念諸菩薩。善付囑諸菩薩。汝今諦聽。當為汝說。善男子善女人。發阿耨多羅三藐三菩提心。應如是住如是降伏其心。唯然世尊。願樂欲聞。

佛告須菩提。諸菩薩摩訶薩應如是降伏其心。所有一切眾生之類。若卵生若胎生若濕生若化生。若有色若無色。若有想若無想。若非有想非無想。我皆令入無餘涅槃而滅度之。如是滅度無量無數無邊眾生。實無眾生得滅度者。何以故。須菩提。若菩薩有我相人相眾生相壽者相。即非菩薩。

復次須菩提。菩薩於法應無所住行於布施。所謂不住色布施。不住聲香味觸法布施。須菩提。菩薩應如是布施不住於相。何以故。若菩薩不住相布施。其福德不可思量。須菩提。於意云何。東方虛空可思量不。不也世尊。須菩提。南西北方四維上下虛空可思量不。不也世尊。須菩提。菩薩無住相布施。福德亦復如是不可思量。須菩提。菩薩但應如所教住。

須菩提。於意云何。可以身相見如來不。不也世尊。不可以身相得見如來。何以故。如來所說身相即非身相。佛告須菩提。凡所有相皆是虛妄。若見諸相非相則見如來。

須菩提白佛言。世尊。頗有眾生得聞如是言說章句生實信不。佛告須菩提。莫作是說。如來滅後後五百歲。有持戒修福者。於此章句能生信心以此為實。當知是人不於一佛二佛三四五佛而種善根。已於無量千萬佛所種諸善根。聞是章句乃至一念生淨信者。須菩提。如來悉知悉見是諸眾生得如是無量福德。何以故。是諸眾生無復我相人相眾生相壽者相。無法相亦無非法相。何以故。是諸眾生。若心取相則為著我人眾生壽者。若取法相即著我人眾生壽者。何以故。若取非法相。即著我人眾生壽者。是故不應取法。不應取非法。以是義故。如來常說汝等比丘。知我說法如筏喻者。法尚應捨何況非法。

須菩提。於意云何。如來得阿耨多羅三藐三菩提耶。如來有所說法耶。須菩提言。如我解佛所說義。無有定法名阿耨多羅三藐三菩提。亦無有定法如來可說。何以故。如來所說法皆不可取不可說。非法非非法。所以者何。一切賢聖皆以無為法而有差別。須菩提。於意云何。若人滿三千大千世界七寶以用布施。是人所得福德寧為多不。須菩提言。甚多世尊。何以故。是福德即非福德性。是故如來說福德多。若復有人於此經中。受持乃至四句偈等為他人說。其福勝彼。何以故。須菩提。一切諸佛及諸佛阿耨多羅三藐三菩提法皆從此經出。須菩提。所謂佛法者即非佛法。

須菩提。於意云何。須陀洹能作是念。我得須陀洹果不。須菩提言。不也世尊。何以故。須陀洹名為入流而無所入。不入色聲香味觸法。是名須陀洹。須菩提。於意云何。斯陀含能作是念。我得斯陀含果不。須菩提言。不也世尊。何以故。斯陀含名一往來。而實無往來。是名斯陀含。須菩提。於意云何。阿那含能作是念。我得阿那含果不。須菩提言。不也世尊。何以故。阿那含名為不來而實無來。是故名阿那含。須菩提。於意云何。阿羅漢能作是念。我得阿羅漢道不。須菩提言。不也世尊。何以故。實無有法名阿羅漢。世尊。若阿羅漢作是念。我得阿羅漢道。即為著我人眾生壽者。世尊。佛說我得無諍三昧人中最為第一。是第一離欲阿羅漢。我不作是念。我是離欲阿羅漢。世尊。我若作是念我得阿羅漢道。世尊則不說須菩提是樂阿蘭那行者。以須菩提實無所行。而名須菩提是樂阿蘭那行。

佛告須菩提。於意云何。如來昔在然燈佛所。於法有所得不。世尊。如來在然燈佛所。於法實無所得。須菩提。於意云何。菩薩莊嚴佛土不。不也世尊。何以故。莊嚴佛土者則非莊嚴。是名莊嚴。是故須菩提。諸菩薩摩訶薩應如是生清淨心。不應住色生心。不應住聲香味觸法生心。應無所住而生其心。須菩提。譬如有人身如須彌山王。於意云何。是身為大不。須菩提言。甚大世尊。何以故。佛說非身是名大身。須菩提。如恒河中所有沙數。如是沙等恒河。於意云何。是諸恒河沙寧為多不。須菩提言。甚多世尊。但諸恒河尚多無數。何況其沙。須菩提。我今實言告汝。若有善男子善女人。以七寶滿爾所恒河沙數三千大千世界。以用布施得福多不。須菩提言。甚多世尊。佛告須菩提。若善男子善女人。於此經中乃至受持四句偈等。為他人說。而此福德勝前福德。

復次須菩提。隨說是經乃至四句偈等。當知此處一切世間天人阿修羅。皆應供養如佛塔廟。何況有人盡能受持讀誦。須菩提。當知是人成就最上第一希有之法。若是經典所在之處。則為有佛若尊重弟子。

爾時須菩提白佛言。世尊。當何名此經。我等云何奉持。佛告須菩提。是經名為金剛般若波羅蜜。以是名字汝當奉持。所以者何。須菩提。佛說般若波羅蜜。則非般若波羅蜜。須菩提。於意云何。如來有所說法不。須菩提白佛言。世尊。如來無所說。須菩提。於意云何。三千大千世界所有微塵是為多不。須菩提言。甚多世尊。須菩提。諸微塵如來說非微塵。是名微塵。如來說世界非世界。是名世界。須菩提。於意云何。可以三十二相見如來不。不也世尊。不可以三十二相得見如來。何以故。如來說三十二相即是非相。是名三十二相。須菩提。若有善男子善女人。以恒河沙等身命布施。若復有人於此經中乃至受持四句偈等。為他人說其福甚多。

爾時須菩提聞說是經深解義趣。涕淚悲泣而白佛言。希有世尊。佛說如是甚深經典。我從昔來所得慧眼。未曾得聞如是之經。世尊。若復有人得聞是經。信心清淨則生實相。當知是人成就第一希有功德。世尊。是實相者則是非相。是故如來說名實相。世尊。我今得聞如是經典。信解受持不足為難。若當來世後五百歲。其有眾生得聞是經信解受持。是人則為第一希有。何以故。此人無我相人相眾生相壽者相。所以者何。我相即是非相。人相眾生相壽者相即是非相。何以故。離一切諸相則名諸佛。佛告須菩提。如是如是若復有人得聞是經。不驚不怖不畏。當知是人甚為希有。何以故。須菩提。如來說第一波羅蜜非第一波羅蜜。是名第一波羅蜜。須菩提。忍辱波羅蜜如來說非忍辱波羅蜜。何以故。須菩提。如我昔為歌利王割截身體。我於爾時無我相無人相無眾生相無壽者相。何以故。我於往昔節節支解時。若有我相人相眾生相壽者相應生瞋恨。須菩提。又念過去於五百世作忍辱仙人。於爾所世無我相無人相無眾生相無壽者相。是故須菩提。菩薩應離一切相發阿耨多羅三藐三菩提心。不應住色生心。不應住聲香味觸法生心。應生無所住心。若心有住則為非住。是故佛說菩薩心不應住色布施。須菩提。菩薩為利益一切眾生。應如是布施。如來說一切諸相即是非相。又說一切眾生則非眾生。須菩提。如來是真語者。實語者。如語者。不誑語者。不異語者。須菩提。如來所得法此法無實無虛。須菩提。若菩薩心住於法而行布施。如人入闇則無所見。若菩薩心不住法而行布施。如人有目日光明照見種種色。須菩提。當來之世若有善男子善女人。能於此經受持讀誦。則為如來以佛智慧悉知是人。悉見是人。皆得成就無量無邊功德。

須菩提。若有善男子善女人。初日分以恒河沙等身布施。中日分復以恒河沙等身布施。後日分亦以恒河沙等身布施。如是無量百千萬億劫以身布施。若復有人聞此經典信心不逆其福勝彼。何況書寫受持讀誦為人解說。須菩提。以要言之。是經有不可思議不可稱量無邊功德。如來為發大乘者說。為發最上乘者說。若有人能受持讀誦廣為人說。如來悉知是人悉見是人。皆得成就不可量不可稱無有邊不可思議功德。如是人等則為荷擔如來阿耨多羅三藐三菩提。何以故。須菩提。若樂小法者。著我見人見眾生見壽者見。則於此經不能聽受讀誦為人解說。須菩提。在在處處若有此經。一切世間天人阿修羅所應供養。當知此處則為是塔。皆應恭敬作禮圍繞以諸華香而散其處。

復次須菩提。善男子善女人受持讀誦此經。若為人輕賤。是人先世罪業應墮惡道。以今世人輕賤故。先世罪業則為消滅。當得阿耨多羅三藐三菩提。須菩提。我念過去無量阿僧祇劫。於然燈佛前。得值八百四千萬億那由他諸佛。悉皆供養承事無空過者。若復有人於後末世。能受持讀誦此經所得功德。於我所供養諸佛功德。百分不及一。千萬億分乃至算數譬喻所不能及。須菩提。若善男子善女人於後末世。有受持讀誦此經。所得功德我若具說者。或有人聞心則狂亂狐疑不信。須菩提。當知是經義不可思議果報亦不可思議。

爾時須菩提白佛言。世尊。善男子善女人。發阿耨多羅三藐三菩提心。云何應住云何降伏其心。佛告須菩提。善男子善女人發阿耨多羅三藐三菩提者。當生如是心。我應滅度一切眾生。滅度一切眾生已而無有一眾生實滅度者。何以故。須菩提。若菩薩有我相人相眾生相壽者相則非菩薩。所以者何。須菩提。實無有法發阿耨多羅三藐三菩提者。須菩提。於意云何。如來於然燈佛所有法得阿耨多羅三藐三菩提不。不也世尊。如我解佛所說義。佛於然燈佛所無有法得阿耨多羅三藐三菩提。佛言。如是如是。須菩提。實無有法如來得阿耨多羅三藐三菩提。須菩提。若有法如來得阿耨多羅三藐三菩提者。然燈佛則不與我受記。汝於來世當得作佛。號釋迦牟尼。以實無有法得阿耨多羅三藐三菩提。是故然燈佛與我受記作是言。汝於來世當得作佛號釋迦牟尼。何以故。如來者即諸法如義。若有人言如來得阿耨多羅三藐三菩提。須菩提。實無有法佛得阿耨多羅三藐三菩提。須菩提。如來所得阿耨多羅三藐三菩提。於是中無實無虛。是故如來說一切法皆是佛法。須菩提。所言一切法者。即非一切法。是故名一切法。須菩提。譬如人身長大。須菩提言。世尊。如來說人身長大則為非大身。是名大身。須菩提。菩薩亦如是。若作是言。我當滅度無量眾生則不名菩薩。何以故。須菩提。實無有法名為菩薩。是故佛說一切法無我無人無眾生無壽者。須菩提。若菩薩作是言。我當莊嚴佛土。是不名菩薩。何以故。如來說莊嚴佛土者。即非莊嚴是名莊嚴。須菩提。若菩薩通達無我法者。如來說名真是菩薩。

須菩提。於意云何。如來有肉眼不。如是世尊。如來有肉眼。須菩提。於意云何。如來有天眼不。如是世尊。如來有天眼。須菩提。於意云何。如來有慧眼不。如是世尊。如來有慧眼。須菩提。於意云何。如來有法眼不。如是世尊。如來有法眼。須菩提。於意云何。如來有佛眼不。如是世尊。如來有佛眼。須菩提。於意云何。恒河中所有沙佛說是沙不。如是世尊。如來說是沙。須菩提。於意云何。如一恒河中所有沙有如是等恒河。是諸恒河所有沙數佛世界。如是寧為多不。甚多世尊。佛告須菩提。爾所國土中所有眾生若干種心如來悉知。何以故。如來說諸心皆為非心是名為心。所以者何。須菩提。過去心不可得。現在心不可得。未來心不可得。

須菩提。於意云何。若有人滿三千大千世界七寶以用布施。是人以是因緣得福多不。如是世尊。此人以是因緣得福甚多。須菩提。若福德有實。如來不說得福德多。以福德無故。如來說得福德多。須菩提。於意云何。佛可以具足色身見不。不也世尊。如來不應以具足色身見。何以故。如來說具足色身。即非具足色身。是名具足色身。須菩提。於意云何。如來可以具足諸相見不。不也世尊。如來不應以具足諸相見。何以故。如來說諸相具足即非具足。是名諸相具足。須菩提。汝勿謂如來作是念。我當有所說法。莫作是念。何以故。若人言如來有所說法即為謗佛。不能解我所說故。須菩提。說法者無法可說。是名說法。

爾時慧命須菩提白佛言。世尊。頗有眾生於未來世。聞說是法生信心不。佛言。須菩提。彼非眾生非不眾生。何以故。須菩提。眾生眾生者。如來說非眾生。是名眾生。

須菩提白佛言。世尊。佛得阿耨多羅三藐三菩提。為無所得耶。如是如是。須菩提。我於阿耨多羅三藐三菩提。乃至無有少法可得是名阿耨多羅三藐三菩提。復次須菩提。是法平等無有高下。是名阿耨多羅三藐三菩提。以無我無人無眾生無壽者。修一切善法則得阿耨多羅三藐三菩提。須菩提。所言善法者。如來說非善法是名善法。

須菩提。若三千大千世界中所有諸須彌山王。如是等七寶聚有人持用布施。若人以此般若波羅蜜經乃至四句偈等。受持讀誦為他人說。於前福德百分不及一。百千萬億分乃至算數譬喻所不能及。

須菩提。於意云何。汝等勿謂如來作是念。我當度眾生。須菩提。莫作是念。何以故。實無有眾生如來度者。若有眾生如來度者。如來則有我人眾生壽者。須菩提。如來說有我者則非有我。而凡夫之人以為有我。須菩提。凡夫者如來說則非凡夫。須菩提。於意云何。可以三十二相觀如來不。須菩提言。如是如是。以三十二相觀如來。佛言。須菩提。若以三十二相觀如來者。轉輪聖王則是如來。須菩提白佛言。世尊。如我解佛所說義。不應以三十二相觀如來。爾時世尊而說偈言

若以色見我　　以音聲求我
是人行邪道　　不能見如來

須菩提。汝若作是念。如來不以具足相故。得阿耨多羅三藐三菩提。須菩提。莫作是念。如來不以具足相故。得阿耨多羅三藐三菩提。須菩提。若作是念。發阿耨多羅三藐三菩提者說諸法斷滅相。莫作是念。何以故。發阿耨多羅三藐三菩提心者。於法不說斷滅相。須菩提。若菩薩以滿恒河沙等世界七寶布施。若復有人知一切法無我得成於忍。此菩薩勝前菩薩所得功德。須菩提。以諸菩薩不受福德故。須菩提白佛言。世尊。云何菩薩不受福德。須菩提。菩薩所作福德不應貪著。是故說不受福德。

須菩提。若有人言如來若來若去若坐若臥。是人不解我所說義。何以故。如來者無所從來亦無所去故名如來。

須菩提。若善男子善女人。以三千大千世界碎為微塵。於意云何。是微塵眾寧為多不。甚多世尊。何以故。若是微塵眾實有者。佛則不說是微塵眾。所以者何。佛說微塵眾則非微塵眾。是名微塵眾。世尊。如來所說三千大千世界則非世界。是名世界。何以故。若世界實有者則是一合相。如來說一合相則非一合相。是名一合相。須菩提。一合相者則是不可說。但凡夫之人貪著其事。

須菩提。若人言佛說我見人見眾生見壽者見。須菩提。於意云何。是人解我所說義不。世尊。是人不解如來所說義。何以故。世尊說我見人見眾生見壽者見即非我見人見眾生見壽者見。是名我見人見眾生見壽者見。須菩提。發阿耨多羅三藐三菩提心者。於一切法。應如是知如是見如是信解不生法相。須菩提。所言法相者。如來說即非法相。是名法相。須菩提。若有人以滿無量阿僧祇世界七寶持用布施。若有善男子善女人發菩薩心者。持於此經乃至四句偈等。受持讀誦為人演說其福勝彼。云何為人演說。不取於相如如不動。何以故

一切有為法　　如夢幻泡影
如露亦如電　　應作如是觀

佛說是經已。長老須菩提及諸比丘比丘尼優婆塞優婆夷。一切世間天人阿修羅。聞佛所說皆大歡喜。信受奉行。

潘宗光教授談佛法（二）

我認識的《金剛經》

潘宗光　著

封面題字　潘宗光
責任編輯　鍾　翩
裝幀設計　高　林
排　　版　時　潔
印　　務　劉漢舉

出版　中華書局（香港）有限公司
香港北角英皇道 499 號北角工業大廈一樓 B
電話：（852）2137 2338　傳真：（852）2713 8202
電子郵件：info@chunghwabook.com.hk
網址：http://www.chunghwabook.com.hk

發行　香港聯合書刊物流有限公司
香港新界荃灣德士古道 220-248 號
荃灣工業中心 16 樓
電話：（852）2150 2100　傳真：（852）2407 3062
電子郵件：info@suplogistics.com.hk

版次　2025 年 6 月初版
2025 年 9 月第二次印刷

規格　32 開（210mm×140mm）

ISBN　978-988-8913-68-8